日中の興亡2025

青山繁晴

ワニブックス
PLUS新書

いつも無心にわたしを信じてくれた亡き父と、
わたしの背骨をつくってくれて、今は父と共にある母に捧《ささ》ぐ。

新書の扉をひらく前に

意外な話から始めたい。

日本と中国は、かつて興亡の歴史を持ったことがない。

たがいに永い歴史を持ちつつ、存亡を競ったことがない隣国同士は世界に珍しい。

隣国は実は、角《つの》を突き合わせるのが世界の常識だ。宿命でもある。

中国は西暦一九七二年の日中国交回復の前後から「日本は一衣帯水《いちいたいすい》の仲だから」としきりに強調する。まことに蛇足《だそく》ながら、一衣帯水とは、一筋だけのような狭い海に面して親密な隣国という意味だ。日本でも自由民主党の親中派議員や学者、評論家にはこれに迎合する口舌《くぜつ》が多い。いずれも誇張、それだけでなく偽善である。

仕事柄、世界を歩いてきた。諸国の軍や政府のひとびとと、透き通るビールから信じがたいほどに強い酒まで一緒に呑《の》んでいると、いろいろな話を聴く。スウェーデンとデンマークが世界に知られないまま海戦もどきを現代におこなっていたりする。「わがフィンランドが隣国ロシア（ソ連）に侵略された史実の映画を莫大な予算を投じてつくったんですよ。国策です」。紳士然とした政府高官が名物のジビエ（野生肉）料理をヘルシンキにて泰然と食しながら言う。そこで後で鑑賞すると、雪に身を隠す白い戦闘服を着たフィンランドの壮年男性から若者までの総員が、委細かまわず黒い戦闘服で襲ってくる無数のロシア兵といつ果てるともなく殺し殺される。

映画と言えば「この映画は必ずみて欲しい」とカナダ政府の知友に言われてモントリオールの映画館に入ってみると、カナダ軍でいちばんお馬鹿さんだという設定の若い兵が、間違って国境を越えアメリカに入り、たったひとりで米軍を振り回す。軽武装の新兵が重装備の米軍将兵を慌てさせるたび、カナダ人はやんやの喝采で喜ぶ。カナダ人はたとえば広大なスキー場の長いリフトで一緒になっても、こちらが話しかけないといつまでも黙している。そのカナダ人の大騒ぎに、思わず隣の観客に「アメリカが嫌いですか」と聞くと「隣から、のし掛かる国を好きなわけがないよね」と即、応えた。日中のような偽善は皆無である。

偽善は日本社会につきものという風説がいつもある。そうだろうか。

古代に聖徳太子が隋の煬帝《ようだい》に宛てて「日出ずる処の天子、書を、日没する処の天子に致す、恙無《つつがな》きや」という推古天皇名の親書を遣隋使に託したとき、偽善などどこにも無い。

中国の冊封を拒み日本の独立を確保するためのまさしく率直なお言葉だ。率直だから煬帝は激昂《げきこう》したが、侵攻といった行動は起こさず、それどころか日本との外交を欲して遣隋使を続けさせた。暴君とも称される煬帝にして、こうである。

鎌倉時代には博多へ元寇が押し寄せた。しかしそれは中国ではなく、モンゴルに支配された元王朝による日本征服の試みだった。あくまで元が漢人や朝鮮人を従えての寇《こう》（侵略）である。鎌倉武士が民と連携して見事にこれを二度にわたり跳ね返し、やがて元王朝は滅びた。

日中戦争はどうか。そも、この呼称は正しいか。日本の相手の中国とは誰か。中華民国は全土を統治してはいなかった。中華人民共和国はまだ存在していない。日中がその興亡を賭して戦ったのではなく、日本は西洋列強の隣国支配を黙認しなかったのである。

意外にも日中に興亡史は無かった。正確に申せば日本人と漢人が存亡を争ったことは無かった。

中国は地続きのモンゴルや女真《じょしん》といった異民族に苦しめられ元も清もそれらに漢人が完膚なきまでに征服された王朝である。中国は何度も滅んだ。対照的に日本は一度たりとも、一ミリ四方の領土たりとも異民族に支配されたことが無かった。しかし西暦一九四五年に太平洋の彼方のアメリカに原爆を落とされ、ついに占領された。

その四年後、一九四九年に中国の内戦に勝った共産党によって漢人中心主義の中華人民共和国が建国された。この当時を知る中国軍の退役将軍は北京でわたしの眼を見ながら「われわれには決心があった。二度と夷狄《いてき》（周囲の野蛮人の意）に侵されない。そのために周囲を支配する」と明言した。

そのときの様子を写真と共に本書のなかに収めている。

中国はそこまでのおよそ半世紀、そしてそこからの二十年あまり、ずっと一貫してまさに将軍の言葉の通りに歩んだ。その結果として初めて生まれているのが、日中の興亡史である。

わたしはおよそ十一年半前に「日中の興亡」とみずから題した書を世に問うた。

英文の書名もChina and Japan to Rise or Fallと付した。国際語でRise or Fallと記せ

ば直截《ちょくせつ》に、何を考える書か分かっていただけるかと考えたからだ。

その時点ではまだ予言の書に近かった。日本国民は先を考える知性を持つ。だから、多く読んでいただき、不肖わたしは一冊の書物としてささやかに使命を果たしたと考えていた。ところが、長い付き合いの編集者である田中亨・扶桑社編集長からEメールが来た。ほぼそのまま紹介する。

「中国が目に余ります。長い歴史で覇権ばかり追求してきた漢民族ですから、ちょっと経済力をつければこうなりますね。『日中の興亡』と（その後の拙著の）『王道の日本、覇道の中国、火道の米国』は今こそ、日本国民にとって意義があります。積み重ねてこられた人脈と考察の賜物です。中国という国家の内在的論理をここまで明快に記された本はこの二冊をおいてほかにはありません。事実上絶版になっている二冊を新書として世に問いたいのです」

わたしというひとりの物書きは、ノンフィクション分野での記念碑がある。「ぼくらの祖国」だ。田中さんはその担当編集者だった。

苦吟と多忙にて完成が遅れ、わたしが出張中のホテルへ朝、憤怒の電話をしてこられたのをよく覚えている。おかげで「ぼくらの祖国」を世に送り出すことができた。

その世は破壊が進んでいる。第二次大戦の唯一の勝者であるアメリカ合州国のトランプ大統領は自国のつくった秩序を自分で壊し、その隙を突いて習近平主席が欲した中国の覇権も許さない。と言いつつアメリカは退いていく。では誰がアジアの新秩序づくりを担うのか。独裁しかあり得ない中国か、古代からオリジナルな民主主義を育んでいる日本か。

日中の興亡は隣国にありがちな鬩《せめ》ぎ合いではない。互いの民族が紡《つむ》いだ永い歴史に沿い、共存するためにこそ、独裁主義と民主主義のどちらなんだという選択の決着を図る、初めての試みだ。

それは世界が固唾を呑む土俵である。初土俵に上がり向かい合うのは、日本の主権者、あなたしかいない。

日中の興亡2025　目次

第五の章 軍事なき外交は無力である

第六の章

第七の章

本書は二〇〇八年六月にＰＨＰ研究所より発刊した『日中の興亡』を改題し、また一部改稿と新たな書きおろしを加えたうえで新書化した。

装丁：新 昭彦（ツー・フィッシュ）
装丁写真：増田岳二
本文写真：著者

本書には、同じ言葉でも漢字、ひらがな、カタカナ、ローマ字を柔軟に使い分けているところがあります。これは、著者の日本語への愛情と信念による書き分けです。一般的な校正の基準とは違います。ご諒解ください。

始まりの章

滅びの門

わたしたち日本国民が、敗戦から七十数年のあいだ築いてきたオリジナルな民主主義による国民国家が、今日は無い。

それをある朝に知ることが、もはや絵空事ではないことを、たくさんの主権者が西暦二〇〇八年の初夏にまざまざと目撃した。それを今こそ、思い起こしてほしい。

なごり雪の信州の山並みが美しい県庁所在地、長野市に、隣国の赤い国旗を持つ人間しか入れない場所がいくつも生まれ、その場所に入ろうとする日本国民は、日本国警察によって阻まれた。

老いも若きも、性別も仕事も、そして立場も思想も関係がない。われらは同時代人として、あくまでも客観的な事実を長野事件として記憶したい。

このグロテスクな光景が、二〇〇八年北京オリンピックの長野聖火リレーで起きたことを誰もが知っていた。そして決して忘れてはいけない。

聖火リレーの、たとえばスタート地点とゴール地点は中華人民共和国の異様に巨大な五星紅旗で埋め尽くされ、その旗に歓喜する人間でなければ近づくこともできなかった。

聖火を運ぶランナーはみな、日本のスポーツ選手や市民であるのに、それを日本の国民は見ることができなかった。中国国民だけが見て、叫んで、讃美《さんび》した。

こんなことを起きるまえに記せば、間違いなく誇大妄想に取り憑《つ》かれていると指弾されただろう。しかし現実に、二〇〇八年四月二十六日土曜日の長野市で起きた。もはや右翼も左翼も保守派もリベラル派もない。まっすぐ真ん中の事実として、起きた。

それでも世代が移ろえば、この事実もあっという間に忘れ去られる。

われら同時代人が語り継がねば、日本がいずれ忘れるこの事実を、中国と世界はしっかり覚えていて着実に次の段階に進むだろう。

その長野事件から、わずか十日後の五月初旬に、中国の当時の胡錦濤国家主席がやってきた。

同じ二〇〇八年の一月に、中国で作られた冷凍食品の毒入り餃子《ぎょうざ》を食べた日本の市民が、死に瀕《ひん》する苦しみを味わった。なかでも国の未来を担う五歳の女の子はまだ、ふつうの生活に戻ることができないでいた。

しかし日本の要人は「人が死んでもいないのに騒ぎすぎだ」とわたしに電話で言い、

中国の公安省は「誰かが故意に毒を入れた疑いが濃い」と、事故ではなく食品テロであることを指摘しながら、そのテロは中国ではなく日本でおこなわれたと主張した。

餃子の入った袋に、いかなる穴も開けた跡もなく、日本国警察は「日本に冷凍食品が輸入されてからではなく、中国で冷凍食品を完成し輸出するまえに毒である農薬が入れられた」というフェアな科学捜査の結果を公表していた。

だが当時の福田康夫首相と胡錦濤国家主席の日中首脳会談では、このことは無視をされ、日中双方が食の安全に気をつけましょうという美辞にすり替えられた。

いったい、日本国と中華人民共和国のあいだに何が起きているのだろうか。

それを知るためには、まずは何よりも根っこを考えたい。

この国の唯一の主人公である、ふつうの国民が、根っこを考えられるためのきっかけをひとつ作りたい。

問題提起をして、国民みずからが自分の頭で考える手助けをこそ、したい。それがこの書のすべてだ。

なぜか。

われら敗戦後の日本国民はみな、同じ教育を受けて育った。

敗戦後の教育を受けた国民は、もっとも高齢では、西暦二〇一九年の段階で言えば九十歳代に入っている。しかし、もっとも若い六歳、小学一年生でも、いまだに同じ敗戦後教育である。その教育で、主権在民と教わった。

しかし、それは一枚のコインの表側に過ぎない。わたしたちはみな敗戦後に一枚のコインを受けとった。表には、この国の主人公は「きみたちだよ」と書いてある。それを見ることとしか教わらなかった。

だが、そのコインの裏には何が書いてあるか。

裏には、この国の最終責任者は誰であるのかが書いてある。

わたしは市長さんが集まった会で講演したとき、始まって即、壇上から降り市長さんたちのあいだに入って「この国の主人公は誰ですか」とマイクを向けて尋ねた。

最初の若い市長さんは「え、講演なのに、こちらが聞かれるの」と驚き、うーんと唸《うな》ってから「それは……天皇陛下です」と答えた。

わたしは、この答えが好きである。仕事柄、世界を歩いて、日本がひとつの文化を二千数百年の永きにわたって育み、その文化の象徴として唯一《ただ》系、父系で貫いている天皇陛下がいらっしゃることへの世界の深く広い敬意を知った。

だから大好きな答えである。しかし間違っている。

天皇陛下ご自身に、「陛下、この国の主人公でいらっしゃいますか」とお尋ねすれば言下に「違います。あなたです」とお答えになるだろう。敗戦後の日本でもっとも民主主義を実践的に理解されているのが、昭和天皇であり、上皇陛下であり、今上陛下であるからだ。

わたしは市長に「残念ながら、違います」と応えてから、次の市長さんに「あなたはどうですか」とマイクを向けた。年配の市長さんは、マイクをわたしから取る仕草をしながら、自信を持って「それは小泉さんだよ」と答えた。

当時は小泉政権下であり、批判はあっても強力な内閣であったから、内閣総理大臣こそが主人公だと自然に考えることができたのだろう。

会場内には、当たり前の正解が出たという雰囲気が漂った。みなも、わたしも、そろって受けてきた敗戦後教育と矛盾しない答えだからだ。主権在民、この国の主権者は、戦争前の天皇陛下から国民に移り、その国民が間接方式ではあっても選んだ首相なのだから。

しかし、わたしは「違います」と言った。

日本国の本物の主人公は、わたしたちしかいない。

本物の主人公とは、最終責任を負うひとを言う。日本国の最終責任者は、畏《おそ》れながら天皇陛下でもなく、総理大臣でもなく、わたしたち、ふつうの市民ひとりひとりしかいない。

われらの手にある一枚づつのコインには、表に「日本国の主人公は国民である」と書いてあり、そして裏には、「したがってこの国の最終責任者もまた、国民ひとりひとりである」と書いてあるのだ。

市長さんの集まりのような講演会ではなく、広く一般の市民が集まった講演会では、わたしが壇上から飛び降りて聴衆のなかへ入っていき「日本国の主人公は誰ですか」と尋ねると、ほとんどの場合、「え、そりゃ、国民でしょ」という正解が返る。

プロの政治家である市長さんたちに対する時と違って、わたしはゆっくり、「わたしの話は、あくまでも問題提起です。自説を正しいものとして展開するのが、このつたない講演の目的ではありません。みなさんがご自分の頭で考えていただく、そのきっかけになることだけが本当の目的です。だから、どんな講演会でも、わたしはこの壇上から一方的に喋《しゃべ》って、はい、務めは終わりましたと帰ることはしません。みなさんの中に、入っていって、限られた時間に追われながらも、みなさんと対話して、進めたいと思います」と述べて、壇上が高くても飛び降りる。

だから、一般の講演では、聴衆である国民のかたがたはこころの準備ができているから、子供の頃からの教育や、戦後の世の常識がちゃんと答えに出てくる。

しかし、まさか聴く側がいきなり問われるとは思っていなかった市長さんたちの答えこそ、本音なのだ。

主人公は自分だと言いながら、最終責任者は自分ではないと思っている。ひとによっては、それを天皇陛下だと心の中の深くでは思い、より多くのひとはそれは当然、内閣

イラク中部のテロが頻発する都市ヒッラから南下すると、古代のバビロンの塔の一つが姿を現す。放置されていて、自由に登ることができる。近くにはポーランド軍が展開していた。

バビロンの塔に登ったわたしに、ベドウィン族が近づいてきた。

総理大臣だと思っている。

天皇陛下も総理大臣も、わたしたちふつうの国民がみずからの意志でその地位を定めているのだから、最終責任を負うのもまた、わたしたち自身しかいないのだ。

わたしも、敗戦後生まれの国民として、こうしたことを学校で教わったことは一度もない。

教える側が、最終責任のありかを考えてはいなかったからだ。その意味で、敗戦後教育は本物の民主主義教育ではない。

わたしは世界を歩くうち、たとえばアメリカの下町の小さなレストランで貧しい黒人ウェイターが「俺は、ちゃんと国に税金を払っているんだぜ」と胸を張り、それだけではなくて「俺のその税金が何に使われているのか、国のために役立ったのか確かめなきゃな」と真剣なまなざしで、わたしの食後の薄いコーヒー越しに言うのを聞いた。

それから何年か経ってイラク戦争下のイラク中部の都市ヒッラで、真っ黒にみえる皿を手で払えば蝿《はえ》の大群がざぁっと去り豊かな野菜が現れるレストランにいたとき、隣のテーブルで大柄な中年男性たちが凄まじい大声で怒鳴りあっていた。

深刻なテロが頻発しているさなかだったから、外国人はわたしひとりであった。英語とアラビア語の通訳として同行していた元亡命イラク人の英語教師は、そのテーブルを眼で差しながら「俺たちの払った税金が何に使われているのか、それを自分たちで確かめられる国にしたいと言っているだけだよ。心配ない。食べよう、食べよう」と言った。

わたしは蠅を手で払い、払いしてたっぷり食べたあとに、まだ怒鳴りあいテーブルを叩《たた》いているひとたちに近づいて片言のアラビア語で敬意を込めてあいさつした。

みな、ぽかんとわたしの顔を見上げた。

民主主義を担っているひと、民主主義を新しくつくろうとしているひと、こうした市民と出逢《あ》いながらわたしは、おのれ自身を含めた日本国民の根っこの思い込みに気づいていった。

わたしたちは税を納めるまでだけを義務と考えている。その税が何に使われるのかは、おかみがやることだと考えている、今も。

わたしたちは超二千年国家でただ一度だけ、一九四五年の夏に外国に敗れた。それから、天皇制と両立するオリジナルな民主主義を育んできた。だが、この「最終責任者はおまえだ」という根っこが欠けたままでいる。

もう一度、言う。ほんとうの最終責任者はわたしたちしかいない。

それだから、ひとりひとりが自分の頭で考え、役人や政治家に考えてもらおうとはしない。自分の考えたことを役人や政治家に実践させようとし、その結果は役人や政治家だけに押しつけてよしとするのではなく、われらが最後に負う。

われらが背負ってこそ、わたしたちの子々孫々にこの祖国を手渡していくことができる。

だからこの書も、つたない講演も、メディアでの発言もすべて、ふつうの市民が自分の頭で考えるきっかけづくりに捧《ささ》げる。

自分の頭で考えるということは、この社会に根ざしている広い思い込みに抗するということでもある。

わたしたちは思い込みの生き物である。

昨日まで続いてきた人生は、この今日も続く。遠い先は、それは知らないけれども明日や明後日ぐらいはきっと続く。

わたしたちは、こうも思い込んで生きている。

それが命の本質だからだ。

命そのものに目的はない。ただ生命を継続すること、本来はそれだけが命の意味だ。だから老いたひとは、子よりもさらに孫が可愛い。命がもうひとつ先へ伸びたのを見ている。

もしも、おのれの人生がポキリと折れるとしても、その滅びの最初の潮目を読むことのできるひとは、この世にほとんどいない。いつでもたやすく折れるのに、折れるはずはないし、折れてはいけないのだ。

わたしたちの眼が届きやすい身近な生活にして、こうである。

まして自分の国が滅びる、自分の街や村も滅びる、その滔々《とうとう》たる流れがはじまっていることに気づくのは限りなく難しい。

古い時代のように、たとえば戦争があって滅ぶのなら、まだ気づく。しかし現在と近未来の国家滅亡は、そのような分かりやすいきっかけも経過も、ないだろう。

現代の危機には、ほとんど兆候がないのだ。

たとえば経済の現代的な最大リスクは、バブルである。

しかし好景気のとき、それがバブル、うたかたの泡のようにあっけなく、しかも空恐ろしいほど大規模に何もかも巻き込んで崩れ去る繁栄だとは、実は誰にも、これからも、分からない。

中央銀行のトップとして世界金融史に残る、高評価でも強い批判でも残る出色のひとであったグリーンスパンさんはアメリカＦＲＢ（連邦準備制度理事会）議長の当時に、アメリカの最先端のエコノミストをずらりとＦＲＢに呼び集め、一九八〇年代の日本のバブル景気を徹底的に解剖させた。

バブルによる繁栄が起きている最中に「これは、単なる泡にすぎない」と見抜く方法をどうしても見つけたかったからだ。

だがついに、いかなる方法も見つからなかった。「バブルという危機は、その最中には、それが危機であることが誰にも分からない」という恐ろしい結論になってしまった。

そのあとアメリカは、サブプライム・ローン、すなわち「低所得者もこれで住宅を買えます」というローンが大流行して繁栄した。そして、そのローンがどんどんと焦げつき、一気にバブルが消え去ってアメリカ系の金融機関は一〇〇兆円を超える不良債権を抱え込み、アメリカだけではなく日本を含む世界の経済が未知の危機に怯《おび》えることとなった。

低所得者ならローンを返せないことがあり得る。たった、それだけのことが、好景気の最中には分からなかったのである。

返せないなら、その住宅を売ればいいと、誰もが思い込んでいたからだ。しかし、その住宅も売れないことがある。振り返れば、そのようなことは俊英のエコノミストに登場していただかなくともあったりまえだが、誰も気づかなかった。

最中には、どんなエリートも誰も気づかず、危機が起きてしまったあとには、誰でも気づく。

　これが現代の危機である。

　ベルリンを東西に分けていた壁が西暦一九八九年に壊れ、翌九〇年に東西両ドイツが統一し、さらにその翌年の九一年のクリスマスには、アメリカと世界を二分していた強大なソ連邦があっというまに崩れ、消え去った。

　それは、世界が二つに分かれて争うという分かりやすい時代が、永遠に去っていったことでもあったのだ。

わたしたちの富士を目に焼きつける（国内線の機中から）。

　わたしはほぼ毎日、鉄の箱で空を飛ぶ。飛行機に乗る。

　機内でさまざまな難題に苦しみ抜いていると、富士を眼下にみて、はっとする。

　雪のとき、淡い春曇りのとき、晴れた夏空のとき、いずれのときも端然と姿を変えない富士の山に生き方を教えられ、そしてわたしたちの日本国の願いをあらためて知る。

この祖国の永い文化を、ちいさな一身を捧《ささ》げて護らねばならないと、個人的なひとつの決心を新たにする。

だが、その富士は傷ついた山でもある。たとえば大沢崩れをみながら、富士はただ変わらない山としてあり続けたのではないと考える。天変地異と人災に耐え抜いてきたと知る。富士は生きている。やがてまた噴火するだろうが、江戸の噴火のとき、頂上の火口からではなく山の中腹から突然に火を噴き、そしてむしろその噴火が吹きあげた岩や石によって美しい自らの姿を修復した。

このように火を噴く変化によって危機を知り、その危機をてこに再興するのなら、よい。だが現代の日本は噴火も地鳴りもないままにロスト・ネーション、失われた国家にずり落ちていく。

抽象論を述べているのではない。

昭和から平成の世になってちょうど二十年である平成二十年、西暦二〇〇八年に、わたしたち日本国民が歩く道のその先に、滅びの門が姿を現した。

このままの道を往くならば、日本は腰をかがめ視線を落としてその門をくぐり、自律を失って属国となる。

それも政治と経済は中国、エネルギーはロシアとアメリカ、安全保障はアメリカの、それぞれ属国になる。

わたしが元首相のひとりに「祖国が属国になる。それも三つに食いちぎられて」と語りかけると、元首相は声もなく頷《うなづ》いた。

二〇〇八年の春は、なぜか桜花がその命をいつもより長らえて、まるで日本国民の胸にこれが最後だと刻みつけるようだった。

その桜が青空を埋めて咲き乱れる下で、元首相とわたしは、しばし黙りこくって互いの眼を見ていた。広い庭に風がなかった。


属国。

それは主権国家にとって、これ以上はない屈辱の言葉である。ゆめ、みだりに使ってはならない。

それをあえて言うには、もはや見逃すことのできない理由と、ささやかなりの覚悟がある。

事態をただしく視るためには、日本を属国にする側にも同じ二〇〇八年に初めてくっきりと、未知の危機が見えはじめたことを把握したい。

中華人民共和国とアメリカ合州国*。それぞれの従来型ではないカントリー・リスク、すなわちその国が、まさしくその国家らしくあるためのリスクの登場だ。

＊アメリカ合州国を、先人が「合衆国」と訳したのは、共和制を念頭に置いた上手な意訳である。しかしアメリカの正式国名の「UNITED STATES OF AMERICA」は、あくまでも「アメリカ合州国」であり、自治権を持つ州の連合国家であることを明示している。わたしは、どの主権国家であっても、その国が国名に込めた意味を尊重したい。だから、わたしは原則として、アメリカ合州国と記す。

中国は、その膨張する国力に酔うように北京オリンピックを準備するうち、これまで小馬鹿にしてきたチベット人が二〇〇八年三月、チベット仏教の中心都市ラサから民衆蜂起した。

チベットが中国に侵されたままであることを、北京五輪を最後の機会として訴えたのだ。

むしろオリンピックをきっかけに、中華人民共和国が抱え込んでいる宿命のリスクが世界にさらされた。チベット人やウイグル人といった、誰がどう見ても中国人ではないひとびとが離反すれば、広大なはずの国土が大きく三割以上も縮む。その異民族を軍事力で、すなわち血で抑えつけて無理な中華帝国をつくっていることが、オリンピックのために暴かれた。

世界はこれまで、この事実を無視してきた。ところがオリンピックがあるからこそ一転、急に注目することとなった。

中国共産党は、中国がもはや日本に代わるアジアの盟主だと強調しようと聖火リレーをぐるぐる世界に回したが、チベット人やウイグル人に襲われ、聖火よりも、中華帝国を問う炎が地球を一周することになってしまった。

わたしはかつて北京で、中国共産党のブレーンたちと、シンクタンクの研究者として議論したとき「あなたがたの大切な国旗、五星紅旗を、一度はフェアに、虚心に見直してください」と語りかけた。

彼らが「チベット族もウイグル族も協和して中華人民共和国をつくっているからこそ尊いのだ」と主張したからである。

不審そうな顔をする彼らに言った。

「国際社会のルール（国際法）の精神からして、いかなる主権国家のいかなる国旗も心して尊重します。わたしたちの日章旗も、尊重していただきたいから。しかし、その上で申せば、五星紅旗は五つの星といいながら、ひとつの星だけが巨大であり、残りの四つの星はちいさく、その巨星を称えるように取り囲んでいる。ほんらいは巨星が共産党、残りの星は労働者階級をはじめ四つの階級ということになっている。それが今では誰がどう見ても、巨星が漢人であり、チベット人やウイグル人ら少数民族はすべてちいさな星にみえてしまうのではないだろうか。これが、あなたがたの言う協和ならば、それは支配である。すなわち中華人民共和国ではなく、いまだ植民地支配のある中華帝国と呼ばざるを得ない。チベット人やウイグル人は、チベット族ではなくウイグル族でもない。ちょうど日本人が日本人であって日本族ではないように。どうしてもチベット人やウイグル人をおなじ国に留めたいのならば、五星紅旗を作り直して、すべて同じ星にして、チベット人やウイグル人に提示することから始めてはどうですか」

彼らはほぼ一様に憤り「それは神聖な五星紅旗に対する、あなたの勝手な解釈に過ぎない」とわたしに詰め寄った。

すべて英語である。かつて中国共産党のブレーンたちは、ほとんど英語ができなかったが、あっという間に巧みな英語を使う新しい人材に入れ替わっていった。

このあたりの機動力は、間違いなく世界トップレベルだ。中国はまさしく戦略国家である。

「あなたも、あなたも米語を話していますね。きっとアメリカに国費で留学していたんでしょう。では星条旗を考えてください。五十の星がすべて平等、同じ大きさです。それが合州国であり、リパブリック（共和国）なんだ。アメリカに許し難い、受け入れがたいところもたくさん山のようにあるけれど、本物の自治のある州の連邦国家であることは間違いない。いまの五星紅旗である限り、中国は、もろもろの人民の共和国ではなく漢人の帝国だ」と、わたしは続けた。

彼らは一瞬、ぴたりと沈黙し、それから「日章旗こそが罪の旗だ」と叫ぶように言った。しかし、それに唱和せず黙って考えている若いひともいた。

その星条旗は、アメリカ国歌のなかで「星散りばめたる旗よ　永遠にたなびけ　自由なる大地　勇者の故郷に」と唄われている。

果たして、永遠にたなびくだろうか。

アメリカは、最大の武器であったドルが、チベット危機と奇しくも同じ二〇〇八年三月から、戦後初めて絶対優位の立場から滑り落ちはじめた。

東京マーケットで三月十四日にドル売りから円高が進行して、一九九五年秋以来、十

米大統領補佐官、英首相補佐官らとの討論会で、志を込めて論じる（右端）。

そのあとは相手の議論をじっくり聞く（米国ヴァージニア州にて）。

二年半ぶりに一ドル一〇〇円の大台を突破した。

これは円が買われたのではない。円も、「フクダウリ」（福田政権への不信感から日本の株も円も売られた動き）を浴びて、ユーロに対しては安くなるばかりで、ドルはその円に対してすら売りを浴びたのだ。

アメリカがソ連を倒したのは軍事力ではない。朝鮮戦争やベトナム戦争はあったが、米ソ戦争はなかった。戦争がないままソ連を崩壊させたのは、ドルの力である。

そのドルがついに「絶対通貨」の座から決定的に滑り落ちていった年として、二〇〇八年は記憶されるだろう。

アメリカのもうひとつの武器は、もちろん軍事力そのものだ。世界のどこでも制圧できる軍事力が支える通貨だからこそ、ドルが強かった。

ドル安の背景には、イラク戦争の失敗によって、アメリカの核ミサイルも空母戦闘群も機動歩兵も、テロリストという原始的でいて現代的な軍事力には勝てないことが世界にばれてしまったことがある。

ソ連は直接的には、アメリカのスターウォーズ計画に怯えて自壊したとされる。

宇宙から世界のどこでも破壊し尽くせるという幻想の軍事力が、ドルをも支えていたのだが、それは旧来の国家にだけ通用する力であって、国家なき、軍旗なき、軍服なき、すなわち形のない兵力であるテロリズムには通用しない。その後の自称「イスラーム国」（ＩＳ）はテロリスト集団が国家を偽称したからこそ、それを実現するように見えた瞬間に、壊滅した。領土のある国なら一斉攻撃を受けてしまうからだ。

それはアメリカ万能説を打ち砕き、ドル帝国の終焉《しゅうえん》を告げた。

中国は強固な帝国らしくあろうとしたために、無力なはずのチベット人の叛乱《はんらん》を招き寄せ、帝国の現在と未来を賭《か》けた北京オリンピックが実質的に失敗した。中華人民共和国が世界の異端児であることを逆宣伝する場に変わったからだ。アメリカはあくまでも軍事国家であろうとしてイラクに攻め込んだために、最大の武器であったドルの強靭《きょうじん》さを喪失しつつある。

中国もアメリカも、未知の危機に直面しつつあるからこそ、日本を新しく分断して活用しようとするのだ。

　さらに、米中とは逆に新帝国の建設に没頭しているロシアにも分断利用される危機が始まっている。


　最初は二〇〇七年の年の瀬に、この日本という大国が、三つの大国に引き裂かれる予兆があらわれた。

　ひとつには、中国の胡錦濤国家主席に拝謁を願おうと、与野党のトップらが大挙し、先を争って訪中した。まずハイレベル経済対話と称して二〇〇七年十二月一日、福田政権の外相や財務相ら六人の閣僚が北京に入った。

　この「対話」は第一次安倍政権当時に日中が合意した外交スキームだ。その第一回に、日本側が中国へ赴くことがほぼ自動的に決まっていたことが、そもそも属国への危険な入り口である。

　そして高村正彦外相（当時）だけが中国側に選ばれるかたちで、胡主席と会談し、東シナ海のガス田問題の「早期解決」で一致した。日本の主権下にある海底資源を、国際法のフェアな視点から見て中国が盗掘しているという深刻な事態が公正に解決されることは、この協議最優先ぶりでは難しい。

この五日あと、今度は民主党（当時）の小沢一郎代表（当時）が、議員と支援者を合わせ実に四五〇人近くを引き連れて訪中した。

当時の民主党の若手議員は言った。「ゆったりと座る胡主席に対して、小沢代表は椅子に浅く腰かけ、大汗をかいて、『日本国民は中国首脳が日中友好に大きな関心を寄せてくださっていることに深く感動しております』……そう言った。正直に申して、恥ずかしくて声も出ない」。

この議員の感覚は、ごく正常だ。

「北京にいらっしゃる首脳が関心を寄せてくださって」という言葉は、まさしく中国皇帝に冊封された周辺諸国の王が使う伝統の決まり文句である。

これをみて福田康夫首相も年内訪中を急いだ。すべて国会開会中であり、小沢訪中のあいだは衆参の本会議が中止された。何ということだろうか。

眼を、もうひとつの隣国ロシアに向けてみよう。

プーチン大統領（当時）は、西暦二〇〇七年十二月に、後継としてメドベージェフ第一副首相（当時）を指名し、そのメドベージェフ氏に与党大会で「わたしが大統領選に勝ったら、プーチン閣下に首相就任をお願いする」と言わせた。つまりはプーチン大統領の後継はプーチン首相という、笑えない異様な事態であり、プーチン皇帝の出現と表現しても、そう誇張ではない。

そのプーチン皇帝は日本に何をしているか。

今もほんとうは南半分が日本領である樺太（ロシア名サハリン）において、プーチン大統領の前任のエリツィン大統領が一九九〇年代前半から天然ガス開発をはじめた。しかし一兆円を超える資金がなく、日本の二大商社とオランダのロイヤル・ダッチ・シェルに出資させた。

一九九九年にようやく採掘を開始したが、二〇〇六年、プーチン政権は突如、環境に悪いとのたまって採掘を中止させた。

日蘭の三社は持ち株を半減させ、ロシアの国有ガス会社ガスプロムが五〇％プラス一株を確保し、支配権を握ることで採掘再開となった。要は、開発だけさせておいて成果は奪った。この樺太から伸びるパイプラインを北海道から入れて、その元栓の開け閉めによってロシアは日本のエネルギーを左右したい。そのガスプロムの会長こそ、新大統領に当時、就任したメドベージェフさんだった。

このままの日本では政治と経済が中国、エネルギーがロシアとシェールガス&オイルのアメリカ、安全保障がアメリカの、それぞれ属国化する。

現代のわたしたち日本国民は、「この国は滅びるよ」という言葉を口に出すことが珍しくない。

しかしそれは、父祖から受け継ぎ、子々孫々に手渡していくはずの祖国が滅びることをほんとうに知って言うのではない。

むしろ逆に「国がなくなる」という世界で当たり前のことが、わたしたちにはいかに実感のないことなのかを、ありありと暴いてしまう口癖なのだ。

日本国民は「国なんぞ、滅びっこない」と胸のうち深くでは思い込んでいる。

それには明瞭な理由がある。

世界では、どの国も戦争に勝ったり、負けたりは当たり前である。

かつては不敗の国であったアメリカも、ベトナム戦争で負け、イラク戦争で勝てなかった。

逆に言えば、諸国は、負けた時にこそどうやって民族の一元体性と自律、アイデンティティを護るかを学ぶ機会を繰り返し経験してきた。

ところが日本だけは、二千年の永きにわたって一度も負けずにきたから、一度も学ぶ機会がなかった。朝鮮半島での白村江の戦いのように外での敗北はあるが、本来の領土を侵される敗戦は一度もなかった。そして一九四五年の暑い夏に、初めて敗れたから、いまだにぺしゃんこになったままでいる。それでいて国は滅びず、勝者アメリカに付き従うことで、国はむしろ安泰に繁栄を愉しむ時代が半世紀を超えて続いたのである。

その日米同盟は、いわば仮面の同盟であった。日本はアメリカの属国だと言う人はいたが、多くの国民はそれを聞き流しながら、同盟という言葉に安住できていた。

しかしアメリカには、もはや仮面を被っている余裕はなくなる。ドルが絶対の強さを失う以上は、二度と、世界の盟主の座には戻れないからである。

だからアメリカは、中国、ロシアと三分割であっても、日本という優れた技術力、モラルの高い労働力、そして隠された資源であるメタンハイドレート（メタンガスを閉じこめた氷）をもつ国を、「同盟国」よりも属国とする意志を次第に剝《む》き出しにしている。

遠く古い時代には、国が滅びるとき、あからさまな侵略の戦いがあり、それに負けて一国が消滅するから分かりやすかった。備えやすかった。

わたしたちの日本国は、鎌倉の時代にそれに直面した。

元、すなわちモンゴルに支配された中国と、その属国となった朝鮮の侵略軍の船団が博多湾を埋め尽くした。

日本国民なら誰でも学校で習う、元寇《げんこう》だ。

このとき台風のおかげで侵略軍の船が沈み、日本は滅亡を免れたと、わたしたちは世代を問わず学校で教わってきた。

戦前は、だから日本は神風の吹く国、神国ニッポンだと称し、日本は何をやっても大丈夫なのだと国民に信じ込ませた。わたしを含め敗戦後教育を受けた国民は、日本にはただ幸運があっただけで戦が強いわけではないというニュアンスに一変させて教わった。

たった今の子供たちもなお、同じである。

しかし、これはいずれも違う。

台風が来る前にまず、鎌倉武士が侵略軍の船に夜半、乗り込んでは縦横無尽に戦ったために、狭い船内での戦闘に慣れていないモンゴル兵らが消耗した。その最後に台風が襲ったから戦意を喪って、とって返していった。また事前に日本の台風の情報を集めていなかった元王朝の失敗でもある。

記録をあたると、それが分かる。

鎌倉武士は最初のうち、やぁやぁ我こそはと名乗ったから、モンゴル兵の射程距離の長い矢の餌食《えじき》になり、名のある武士が次々に斃《たお》れた。

わたしはこのことを学校では、愚かな話として教わった。

しかし、これも違う。

最初は確かにそうであった。

鎌倉武士は個を重んじ、かつ、文化が根こそぎ違う外国軍と戦ったことがなかったから、おのれの文化のとおりに名乗りをあげてから戦おうとした。

だが、それが通用しない、むしろやすやすと的になると気づいたあとは、集団の戦闘団として指揮命令系統をつくり直し、夜に乗じて敵船に乗り込む作戦を決めた。しかも、それを実践するときには、ひとりひとりが自律して戦った。暗く狭い船内では、命令を待っていては戦えないからだ。

リアルな現実に即応して、あっという間に自己改革をなし遂げ、一方では、おのれのうちの守るべきは守った。それは、自律という徳を生かして戦うことだった。

二十一世紀の現代で、ほんものの保守と呼ぶべきはこれだろうと思わせるような、みごとな祖先であったからこそ、日本国は強大を誇ったモンゴル軍、それに追随した漢人と朝鮮人の軍に滅ぼされることなく子々孫々の手に渡された。

その子々孫々は昭和の代に至って、鎌倉武士とは真逆のように、おのれの成功体験に酔い、自己改革を忘れ、原子爆弾まで落とされる無惨な負け戦を祖国にもたらした。

日本は、建国から二千数百年の永きにわたって、しっかりと確保してきた独立を、一九四五年の八月に失い、アメリカを中核とする連合軍という名の外国軍に初めて、占領された。

アメリカ軍は、東京大空襲をはじめとする市街地爆撃、さらには人体実験としての原爆投下という、まごうことなき戦争犯罪を犯した。だが同時にアメリカ合州国は、戦争ばかりしていながら領土を拡大する野心がない、版図を広げることには興味がない。

アメリカ人が正義の人なのではない。

広い牧場があれば、その牧場をよけいに拡げることよりも牧場をどう護って人生を愉しむかを考えるのが、カウボーイであるからだ。

そのおかげで、日本国は一九五二年の桜咲く四月のサンフランシスコ講和条約の発効をもって、独立を回復した。

ただ、それはあくまでも国際法の上での独立回復だ。ほんものの自立を達成する独立には、いまだ遠い。

それは沖縄県の沖縄本島を、南から北へと高速道路に乗らずに車を走らせてみると、なによりよく分かる。

わたしは、ある若いウチナンチュー（沖縄生まれの沖縄県民）のアドバイスで、それを実行してみて、沖縄本島のまさしく真ん中を太く長く、さまざまな米軍基地が占領し、県民はその両脇にへばりつくように住んでいること、アメリカ軍の基地という槍《やり》に足から頭まで貫かれていることに、あらためて気づかされた。

アメリカの支配は今なお、重い。

だが、アメリカの支配は出発点がはっきりしている。

それは敗戦であり、敗戦から一年経てば経っただけ、それでも重みは薄れてはいく。気がすこし遠くなるほどゆっくりであり、しかも沖縄をはじめとした特定の地域にだけ、より重い荷を背負わせての歩みではある。

だが、出発点がある限りは終着点もある。

ところが中華人民共和国による新しい支配の試みは、出発点がない。

しかも中国は分裂と解体の危機を孕《はら》みながらも、購買力のある人口が増えていく可能性が現在のところは大きいから、支配力は当面、薄れるよりも拡大する。

二〇〇八年の三月から初夏にかけては、チベット人の民衆蜂起、長野事件などを理由に中国批判が日本で流行した。

しかし、たとえばそのさなかのテレビニュースをみれば、チベット人の抑圧を批判するニュースのそのすぐあとに、どんなニュースが報じられたか。

北京に世界中の自動車メーカーが日本もアメリカもドイツもフランスも集まってモーターショーをやり、中国人に一台でも多く車を売ることこそが最重要の課題であるようなニュースが、より時間を割いて流された。

中国批判派は、あっという間に少数派に逆戻りする。チベット人の陰惨な悲劇を忘れない日本国民も、あっという間に少数派に転落する。

ある高名な評論家はわたしに「青山さん、北朝鮮に厳しいだけなら、まだまぁ、いいけれど、中国にも厳しいとなると、あなた、メディアから締め出されますよ」と言った。

この年配者を非難しているのではない。言うだけエライのである。フェアに事実を告白している。彼自身も、わたしを締め出そうとしていることを告白しているに等しいからだ。

だからこそ、わたしは属国という言葉を使って、ふつうの国民にこの書で話しかけている。問いかけている。属国という言葉で刺激的に、誇張するためではない。


武士道といふは死ぬことと見つけたり。

言うまでもなく『葉隠《はがくれ》』の一節だ。

江戸期の佐賀藩で若くして隠棲《いんせい》した武士の、利も欲もない語りを淡々と記録した書である『葉隠』の、この部分だけを旧軍は利用した。

当時の若いひとたちに「だから戦争へ行って死んでこい」と背中を押した。

なんということだろうか。

わたしは、縁あって旧軍が国民学校生徒、すなわち戦中の小学生に配った『葉隠抄』をいただいて手に取った。黄色っぽい茶色に変色したページをめくってみて、すこし涙した。

抄、つまりは旧軍にとって都合のいいところだけを切り取った、偽の『葉隠』である。

これに騙《だま》されて、日本の文化を裏切った旧軍に騙されて、みんな死んだのか。

もともと書にするつもりもなかった口伝である『葉隠』、語りを書にまとめたあとは「幕府に睨《にら》まれる奇書」として、語った武士と記録した武士が合意して原本を焼き捨てた『葉隠』、実際は冗長なまでに長い本である。

その長さに耐えて、全容を読むと分かる。

武士道といふは死ぬことと見つけたり。

これは、若者に死ねと勧めているのではない。生きよ、というススメである。

人生はつまらないものだ。戦乱が鎮まった江戸時代の武士道も退屈なものだ。しかし、もしもおまえが、誰かのために死ぬことのできる生き方をするのならば、人生も武士道も新しく輝くだろう。

そう言っている。

『葉隠』は、たとえば「お城の中で、うまくあくびを噛《か》み殺す方法」が詳述してあったり、「恋の至極は忍ぶ恋と見つけたり」という趣旨の一節もある語りの書なのだ。

江戸時代だから、「誰か」ではなく主君のために死すと言うべきを、あえてそれを言わない。だから禁書になったのだろう。

わたしは、この焼かれた奇書の伝承本を手に取り、自分の生き方に僭越《せんえつ》にも重ねてきた。

わたしは死ぬために生きている。

ゆめ、属国という言葉で誇張し、人心を惑わし、本を売るために書いて、生きているのではない。

アメリカの属国ではないかと悩んでいるあいだの日本は、まだよかったのである。

しかし世界最大の巨大なる利権国家、中華人民共和国が勃興して、その中国が日本の政治と経済を握り、おこぼれとしてエネルギーはロシアとアメリカ、安全保障・軍事はアメリカが分断支配する時代になれば、わたしたちは祖国を子々孫々に独立国として手渡すことができなくなる。

もう一度、言う。

いる。

『葉隠』を口述した山本常朝の隠居住まいがあった旧佐賀藩の地を訪ねた。ただ竹藪《やぶ》を風が通るだけであった。何も残さず、伝承の言の葉（ことのは）だけを残していった死生観が胸に迫った。

生命に目的はない。

『葉隠』が時代を超えて示唆する通り、次の命に、命そのものを手渡すだけが生きている理由だ。

遺伝子学が進展すればするほど、その真実がわたしたちに迫ってくる。

祖国と文化も、究極としては手渡すだけである。わたしたちの目の前の生活を良くすることだけが国の存在理由ではない。

その究極の仕事を、わたしたちができなくなってしまうことこそ滅びである。

この滅びの門の前にいま、日本国民は立って

第二の章　中華思想という幻は終わらない

日本が資源小国であるという思い込み

わたしたちは、海洋民族である。

わたしは仕事柄、世界を歩くことが少なくない。

歩けば歩くほど胸に迫るのは「わたしたち日本国民ほど思い込み、あるいは思い込まされていることの多い国民もまぁ、少ないだろう」ということだ。

その一つが、日本は資源小国だということである。

わたしが共同通信の記者のころ、東シナ海を船で渡り天津から中国へ長期取材に入ったことがある。その六年あと、北方領土の返還交渉を取材するため樺太（ロシア名サハリン）を目指していたとき、荒れ狂うオホーツク海を船で越えながら、東シナ海の穏やかさを思い浮かべていた。

だが海を別の眼で見れば、東シナ海はいま世界でもっとも荒れる海だと言っていい。中国が、わたしたち日本固有の資源を奪いつつあるからだ。

この章で、問い直す常識の言葉は「資源小国」である。わたしも含め、すべての日本人は「わが国は資源小国だ」と教えられて育った。誰も疑わなかった。

ところが四十年ほども前から、それを疑った国がある。中国である。

中国共産党は、広大な領土と膨大な人口があってこそ中国は存続できると信じている。だが人口は国連に届け出た十三億をはるかに超えている。それより一億数千万ほど多いというのが隠れた定説だ。つまり日本一個分以上が、まだ隠されている。

この人口を支えるだけのエネルギーが簡単に賄えるはずもない。実際、大きく不足している。

だから、西暦一九六八年から七〇年にかけて国連のアジア極東経済委員会（ＥＣＡＦＥ、現在のアジア太平洋経済社会委員会ＥＳＣＡＰ）が、日本の領土である尖閣諸島の周辺海底に未知の石油と天然ガスが埋蔵されているとの調査結果をまとめると、中国はその直後の七一年、突如として尖閣諸島の領有権を主張した。

そして、ただちに海底の調査と試掘をはじめ、五十年近く続けてきた。

中国はその過程で、沖縄本島の西側にある沖縄トラフ（海底のくぼみ）をはじめ、東シナ海のなかの日本のEEZ（排他的経済水域）や領海にこそ良質の海底油田、ガス田が存在すると秘かに認定したと思われる。

日本が隠れた資源大国であると理解したのだ。

そこで中国は、東シナ海で中国大陸から発した大陸棚が続く範囲はすべて中国のEEZだと主張しはじめた。これでは、尖閣諸島どころか沖縄のすぐ近海まで中国のものになる。

これに対し日本は、国連海洋法条約に忠実に、日本と中国の真ん中、すなわち日中中間線が境目だと主張している。

そう言えば対等外交を推進しているように見えるが、主張以外のことは何もしていない。東シナ海にある自国の資源について、ただの一度も試掘も採掘もしたことがない。

中国は、それでも一時期までは試掘や採掘を、中間線の中国側にとどめてきた。そこからストローで吸い取るように日本の資源を奪ってはいるが、あからさまに中間線を越えることはなかった。

だが、中間線の中国側の試掘をほとんど終えているから、いよいよ中間線の日本側へ

海上自衛隊の優秀な哨戒機P3Cに低空飛行をお願いして、機内から撮った尖閣諸島。充分に使える土地があることがよく分かる。

踏み込みつつある恐れが強い。

中国はこうしたとき、まず軍事力を展開する。それは南沙諸島や西沙諸島をベトナムやフィリピンなどから実質的に奪ったときに実証済みだ。

この端緒《たんしょ》が、二〇〇四年十一月に起きた中国の原潜による日本領海の侵犯である。

中国は「技術的ミス」と説明し、日本政府はあえて目をつぶるように、その嘘《うそ》を受け入れた。

これを外交官のせいにするだけでは何も動かない。国民の「日本は資源小国だ」という思い込みこそを変えなければ、日本は子々孫々に手渡すべき原油とガスを失う。

そして実は、それだけではない。

鉱物資源のなかで環境には最善であるメタンハイドレートも日本の領海とＥＥＺに大

量に存在することが分かりはじめている。最新の実証研究では、メタンハイドレートでは日本は屈指の埋蔵国だということが明確になりつつある。

「日本は海洋国家である」という言葉に、新しい光をあてるときが来ている。

新しい光とは、きれい事を言っているのではない。

日中の鬩《せめ》ぎ合いを、ふり返ってみよう。

中国側の魂胆を見抜いていた政治家

まず小泉政権下の靖國問題である。

中国がこれまで手を出すのを避けてきた中国の東側、つまり東シナ海から沖縄を含む南西諸島、そして日本列島のほうに中国が進出してくるという現実があったからこそ、小泉さんは靖國神社への参拝をシンボルに仕立てて「中国は日本に口を出すな」という抵抗姿勢を押し出した。

その抵抗を抑えるために、中国は西暦二〇〇五年四月に反日暴動を起こしたが、結局、失敗した。日本は対中関係が悪化した。中国も反日暴動によって国際的な信用が傷ついた。下手をすると、北京オリンピックが怪しくなりそうだった。

このように日中双方にデメリットがあり、双方がいったん退く必要があった。だから、小泉政権を引き継いだ第一次安倍政権は、胡錦濤・温家宝ラインと言わば、うわべの握手をした。

その象徴のひとつが、二〇〇七年四月の温家宝首相（当時）の来日であった。もともと穏やかな雰囲気をもち、それを活かすことに専心する役割の温家宝さんは、日本で微笑に次ぐ微笑をふりまいた。

温家宝首相が国会で演説したとき、自民党のタカ派から日本共産党に至るまで、国会議員全員が立ち上がってスタンディング・オベーション（称賛）をした。

だが、当時の安倍晋三首相と麻生太郎外相は、ほとんど拍手をしなかった。ポイント、ポイントでは非常に厳しい表情も見せた。安倍首相・麻生外相のラインがむしろもっとも輝いたのは、この一瞬だった。ここだけだったのかもしれない。

ふたりは、中国に対する警戒心をまったく解いていないことを、ほんとうは身をもって示していた。

温家宝首相の演説を点検すると、中国は道義的に日本より上であるということを強調している。とくに戦争が終わったあと、戦争孤児、中国残留孤児の面倒をみたというのは中国だということを強調している。

一方で、演説原稿には「日本も戦後、平和の歩みをした」という部分があった。しかしわざと、ミスではなくわざと、読み飛ばした。

つまり、中国の強硬姿勢は変わっていなかった。軍事的に圧迫したり、政治的にのしかかったり、あるいは経済で中国のマーケットがなければ日本はやっていけないだろうということを強調するよりも、あえて道義を強調することを、温家宝さんはこの演説で選んだ。

そのために中国の姿勢は柔軟になったと誤解した議員が多く、だから超党派のスタンディング・オベーションとなった。

安倍晋三首相は誤解していなかった。あるいは、温家宝首相が演説した国会を欠席した小泉純一郎前首相（当時）も誤解していなかった。

しかし、だからこそ安倍政権は崩壊した。

安倍晋三首相は病気で辞めたのではない。無残な辞め方で国民を失望させた安倍さんの責任はあまりに大きい。大きいからこそ、安倍さんはみずからの失敗、勝手に投げ出しただけとしか見えない辞任のほんとうの理由を、国民に語らねばならない。

安倍首相は西暦二〇〇七年九月、まず首相官邸記者クラブにふつうに歩いて現れ、登壇し「自分が退くことによって事態を進めたい」と突然の辞任の理由を説明した。ところが、そのあと入院し、入院先の慶大付属病院でもう一度、記者会見し「ほんとうは病気が理由だった」と述べた。

病気で首相が辞めるのは、異常事態ではない。世界でも異常ではない。異常ではないから、ほんとうに病気が理由なら安倍さんはまず先に入院し、そこに麻生幹事長や与謝野官房長官（いずれも当時）を呼んで辞意を示し、後事を託したはずだ。病気で辞める首相は過去にもいて、そうしてきたからだ。

政治は、日本でも海外諸国でも必ず、過去の慣例を繰り返す。病気辞任ならそのプロセスしかない。

しかし安倍さんは実際には、まず記者クラブでしっかりと会見した。記者の十問に及んだ質問にも、すべて最後まで答えた。このときに「病気で辞める」と述べていたら、誰も信じなかっただろう。そのとおり、凄まじい心理的圧力のかかる首相としての会見を、職を辞するほどの病状であればできるはずがないからだ。

たとえば胆力のあった大平正芳首相（当時）は、「官邸記者クラブの入り口で、ＴＶカメラのライトと新聞社のフラッシュと、それから記者集団の気配を感じただけで、足が一歩も進まなくなる」と側近に告白している。

「おい安倍よ、首相を辞めても、拉致被害者のためにも議員を続けるのであれば、もう一回会見をやり直して、全部を病気のせいにしておけ。この国では、病気と言えば全部、丸く収まるんだから」と、一回目の会見のあとに耳打ちした元首相がいると、複数の安倍側近はわたしに語った。

利益集団には不都合だった安倍首相

安倍首相は、西暦二〇〇七年七月の参院選で大敗したあとも、辞めなかった。

ほんとうは、大勝した側の小沢一郎・民主党代表（当時）が水面下で自民党と大連立する画策をしていることを耳うちされたから、そこに望みを繋《つな》いだのである。

ところが大連立の秘密交渉が具体化すると、小沢さんは安倍さんサイドに「おまえじゃ駄目だ」と告げた。

秘密交渉のなかでの表部分では、「参院選で大敗した、当の首相が連立相手では民主党内にも国民にも説明がつかない。新しい首相を選べ。そうしたら大連立をしてやる」という理由を、小沢さんは安倍首相の側に告げた。

安倍さんが最初の会見、すなわち真の辞任会見で述べた言葉、「自分が退くことによって事態を進めたい」とは、そういう意味だった。だからこそ安倍さんはこの会見で「小沢さんとの党首会談が実現しなかったから」とも辞任理由を述べた。

いずれも、記者にも国民にも理解不能の言葉であった。

自分が退くことによって、衆参の意志がねじれてしまった国会が、必要な法案を正常に成立させられる国会にするというのなら、なぜ参院選で大負けしたときに辞めずに、所信表明演説まで終えて、あすは代表質問というタイミングで辞めるのか。

小沢さんとの党首会談が実現しないから辞めるというが、そんな小さなことで辞めるのなら、参院選の大敗という重大事でなぜ辞めなかったのか。

どの疑問も解消しない疑問であったから、前述の元首相と、それに利害が繋がる自民、民主両党の実力者たちは、この疑問が払拭しない事態を巧みに利用して、安倍さんに再会見と「実は病気でした」と説明させることに成功したのだ。

安倍さんの体調が悪かったのは、事実である。しかし潰瘍《かいよう》性大腸炎で腹の具合が悪くなることは、若い時代からであり、安倍さんはそれだからこそ、むしろ不調を繰り返すお腹との付きあい方はよく知っていた。

少なくとも「若い改革派の総理」として少なからぬ国民から期待されながら、その職を突如として投げ出す理由にはならなかった。

わたしは辞任から三か月後に、ほぼ余人を交えずに安倍さんと東京全日空ホテルのレストラン個室で昼食をとり、昼から肉料理を次々と平らげる安倍さんを見て、むしろ胃腸がたいへん丈夫なわたしが、食事がろくに喉を通らなかった。

安倍さんは、騙《だま》されたのである。

自分と小沢さんが組む日が来るのだと、騙された。しかし政治の世界であるから、騙された安倍さんが悪い。

安倍さんは、たとえば拉致被害者の解放に向けて議員活動を再び充実させるためにも、真実を国民に語らねばならない。

では真実、深い真実は何か。

わたしは多くの証言を集め、キーワードは中国であると考えている。

安倍政権は、中国と結びついた日本政界の古くて、そしてもっとも新しい利権集団にとって極めて不都合だった。

温家宝首相の演説に、拍手をろくにしないという本音を持つ首相であった、ということだけではない。

安倍政権時代の大きな成果のひとつに、海洋基本法の超党派の成立がある。

日本は二千年以上も海洋国家を続けながら、海底の原油や天然ガス、さらにはメタンハイドレート、そしてコバルト、マンガンといった希少金属の資源を採掘するための法を、何ひとつ持ったことのない国であった。

ところが安倍さんのつくった海洋基本法は、その十七条、十九条と二十一条に「漁業資源だけではなく原油、天然ガス（天然ガスと同じ主成分を持つメタンハイドレートを含む）、コバルト、マンガンなどの天然資源を、国家として開発し、子々孫々に渡さねばならない」「そのためには国は海の治安維持をせねばならない」という実に画期的な趣旨を定めている。

これがあれば日本は、東シナ海のうち日本の権益が国際法に照らしてフェアに及ぶ海域では、資源を開発せねばならないし、やぐらを建てねばならないし、やぐらや船団、そして人員を護るために海上防衛力を展開せねばならない。

これは中国の戦略への、真っ当な対峙である。

第一次の安倍政権が、中国の属国であった北朝鮮（北朝鮮はその後、金正日総書記、金正恩委員長の両独裁者の時代を通じ実質的に親米に転じ、中国とアメリカの力をうまく活用して独裁体制の温存を図っている）に対して一歩も譲らない姿勢をとり、それから中国に対して厳しい、それも実利において厳しい姿勢をとることは、日本政界のなかにある新しい親中派、すなわち先の戦争の経緯は今やむしろ口実で、中国の膨張する経済力と軍事力に媚《こ》びて従って利を得ようとする親中派にとって、たいへんに都合が悪かった。この親中派は親北朝鮮派、親韓派を兼ねることもない。

日本政界のこうした実力者たちは、安倍さんを辞めさせるだけではなく、露骨な親中派政権としての福田内閣を造らねばならなかった。

だから安倍政権を継ぐのが麻生政権では困る。麻生さんは、温家宝首相の演説にろくに拍手をしなかった、もうひとりの議員であり、外相として「自由の繁栄と弧」構想、すなわち中央アジア諸国やインドとの連携で中国をフェアに封じ込めようとする思想を展開した人物であった。

それにそもそも自由人の麻生さんは、相手が北朝鮮だろうが中国だろうが気にせず、何を言い出すか、何をやり出すか分からない。

確実な利権を必要とし、それを日夜、追い求める政治家たちにとっては、麻生政権などとんでもない話だった。

だから生まれたのは、隠れもない親中派の福田政権（当時）だった。

中国で作られた毒入り餃子《ぎょうざ》が、日本国民の命を現実に奪おうとしたあと、中国公安省が「日本で毒が入れられたのであって中国に責任はない」という趣旨の、世界が呆《あき》れた公式会見をやった。福田さんはそのときコメントを求められ「中国は非常に前向きだ」と発言し、ついに何の修正もしなかった政治家だ。

その福田内閣が相手だからこそ、当時の胡錦濤国家主席は無理を押して二〇〇八年五月に来日したのである。

無理、それは言葉の綾《あや》ではなく、日本にも中国にもあった。

毒入り餃子の事件やチベット人抑圧について中国からめぼしい改善が示されない以上は、日中首脳会談がかえって福田政権にボディブローのように長く効く打撃になるという、冷静な意見が政府・与党の内部に広く存在した。

中国側にも、日本国民の反中国感情をかえって固定化する恐れがあるとする、これも冷静な反対意見があった。

そして「東シナ海をはじめ一歩も日本には譲るな」「チベット問題で揺らいだ北京オリンピックを成功させるために日本にいい顔をしなければならない、そういうタイミングでは訪日するな」といった、軍部をはじめとする強硬論の反対もあった。

しかし安倍政権崩壊のほんとうの背景と、福田政権のほんとうの存在意義を知っている日中両国の深い意味での主流派は、あくまでもこのタイミングだからこそ、国家主席の日本訪問を実現する必要があった。

胡錦濤主席は、日本の国連安全保障理事会の常任理事国入りを支持するかのようなリップサービスまでやってみせた。

壮大な嘘《うそ》である。

中国の国家戦略の核心のひとつは、アジア唯一の盟主になることであり、そのための最大の政治的武器である「アジアから常任理事国は中国だけ」という既成事実、すなわち既得権益を捨てることはない。

中国は目先の動きに惑わされて、中長期の国家戦略を変えることはしない。

胡錦濤主席の来日は、その一年一カ月前に温家宝首相が日本でふりまいた微笑から、周到に用意されていた。

西暦二〇〇八年五月七日に、当時の福田康夫首相と胡錦濤国家主席が取り交わした日中共同声明をどうみるか。

それによって日本と中国の興亡史の先行きは、がらりと変わってくるだろう。

この共同声明はまず、細部の文言までを徹底して中国側が提案した。

わたしと長い付き合いの日本の外交官は「日本側からはとても提案できないような文言を次から次へと中国外交部が出してくるので、のけぞるような思いだったよ。よく考えれば、それが中国の今回いちばん大切な戦略と戦術だったんだね」と率直な感想を、電話で伝えてきた。

つまりは日本が、おおっと喜ぶような言葉を、中国側が積極的に持ち出してきたということだ。

日本では、政治家や官僚はもちろんのこと、学者がこの声明を高く評価したことが目立った。日本の受け止め方の、際だった特徴になった。

まるで「この共同声明まで評価しない、あるいは批判するなら、それはただの感情的な反中にすぎない」と決めつけるような雰囲気まで、国際関係論をめぐる学界や論壇には漂った。

しかし、わたしはこの日中共同声明を評価しない。

むしろ日本にとってもアジアにとっても危険な媚薬《びやく》であると考えている。

感情によるのではなく、リアルな外交観に基づいて、そう考える。

この共同声明は、「日本を敵にするより、日本人の好きな話をしてやって取り込め。安心させて、利用しろ」という胡錦濤・温家宝ラインによる中国の戦略が、初めて全貌を現した声明と言える。

声明は「戦略的互恵関係の包括的推進に関する日中共同声明」と、稚拙にして難解な名が付けられている。

平たくいえば「日本と中国の双方が得をするような戦略的な関係になることを、政治・経済から技術や教育まで漏れなく進展させるための共同声明」というわけだ。

声明の全文のうち見逃せない重要なポイントを、いくつか見てみよう。

『双方は、歴史を直視し、未来に向かい、日中「戦略的互恵関係」の新たな局面を絶えず切り開くことを決意（した）』

この部分は「執拗《しつよう》に歴史問題を持ち出しては反日の姿勢を強調する」ということを、もはや中国はやらないと胡錦濤国家主席が確約した、と受け止めるのが日本では多数派だ。

反省もお詫《わ》びも求めてはいないではないか、というわけだ。

ところが、この「歴史を直視し、未来に向かい」というのは南京の「大虐殺記念館」に掲げられた主要なスローガンである、「歴史を鏡として、未来に目を向けよ」にそっくりである。

声明の中のこの文言も、先の外交官が「中国側が提案した」と、はっきり証言しているから、偶然の一致とは考えられない。

中国の反日の最大シンボルとも言うべきこの記念館は、二〇〇七年末に大規模に改築された。「日本軍が南京で三〇万人を虐殺した」という記念館の中心的な主張は、国際的にはすでに「嘘」とされ、中国の学者のなかにも「やり過ぎだ」と実質的に否定する声が出ている。しかし、これが改築で見直されるどころか、むしろ従来の主張が増強されている。

さらに、この記念館には、二〇〇八年五月十二日に発生した四川大地震をめぐって、人民解放軍や人民武装警察が「大活躍」する写真とともに、日本の国際緊急援助隊の写真が展示された。

国際緊急援助隊は、実際には被災地で「生存者がいる可能性のある場所」に行くことを人民解放軍にすべて阻まれた。

生存者の吐く二酸化酸素を正確にキャッチし、生きて救出するハイパー・テクノロジーを持つにもかかわらず、赤ん坊を抱いた若い母親の亡骸しか収容できなかった。

そのふたつの小さな命に、全隊員が胸の奥からの哀悼と慟哭《どうこく》をささげる姿が、中国で報じられ、人命が軽く扱われることに慣れている中国のひとびとの心を深く揺り動かした。

しかし隊員たちは、別の無念にも魂を引き裂かれていた。

地震の起きた四川省は、その省だけで日本全土の一・二倍の広さがある。人口も八六〇〇万人がいる。広大な被災地のどこに行っても、まだ生存者が居たことは確実だ。日本では「七十二時間を過ぎれば、瓦礫《がれき》の下の生存率がぐんと低くなる。派遣要請が遅かったから、どうせ無理だった」と報じられているが、隊員たちは、そうではないことがよく分かっていた。

緊急援助隊の責任ある人は毅然と、解放軍に向かって「たくさん学校が潰れているでしょう。若い生徒たちを救いたい。そこに入らせてください」と礼節を守りつつ要求した。

そして解放軍が連れていったのは、三階建ての中学校だった。

いや、援助隊の隊員たちがよく見ると、それは一階と二階が、三、四、五階によって完全に押し潰されている無惨な中学校である。一、二階に生存者が居るはずもなかった。

このような解放軍の動きについて、日本の新聞には「解放軍の兵士が、日本の援助隊に生存者が見つけられてはメンツにかかわると漏らした」という記事が一紙だけに、わずかに載った。

載らないよりは、載ったほうがいい。

だがほんとうは、この解放軍のふるまいは兵士のメンツなどといったレベルの話ではなく、四川省・成都軍区の司令官を含む軍上層部の組織立った命令によるものだった。

それが援助隊を送り出した日本政府の、公表しない内部判断である。

日中共同声明に、反省もお詫びも盛り込まない代わりに、南京大虐殺記念館の反日スローガンを滑り込ませたのは、胡錦濤体制の「日本を利用する路線」に強い不満を持つ軍部への配慮でもあり、軍をコントロールし切れていないという胡錦濤指導部の最大のリスクが滲《にじ》み出たものであった。

日本の国際緊急援助隊を、どこの国の支援よりも早く受け入れると決断したのは、胡錦濤国家主席のトップ判断だった。

その判断に、軍が最前線で公然と刃向かったのだから、意味は小さくない。

胡錦濤国家主席はさらに、航空機による援助物資の空輸を日本に要請することを決断した。被災地の救助活動が進むにつれ、漢人と、チベット人ら少数民族とのあいだの格差がむしろ広がり、チベット人らはテントも毛布もなく、食糧や医薬品も致命的に不足している実情が、やがてチベット人の再蜂起や、ウイグル人によるテロの激化を招いて北京オリンピックが危機に陥ることを恐れたのだ。

充分な救援物資を即座に用意し、機に積み込み、それまで発着経験のない空港でも着陸できる技術とノウハウは、航空自衛隊が格段に高い。

そこで北京の駐在武官（自衛隊の防衛駐在官）は「自衛隊機でもいいか」と中国国防省の少佐に尋ねてみた。

日中共同声明に盛り込まれた胡錦濤体制の親日路線がどこまで本物か、軍の反発や不満をどこまで抑えられるのか。それらを試してみるという、日本政府にはまことに珍しい戦略的なアクションだった。

意外にも少佐は、即座に答えたという。

「自衛隊機でも受け入れ可能と思われる」

防衛省幹部はわたしに電話で「自衛隊機ならイラクの経験などからして、素早く物資を積み込み、どこの空港でもすぐにでも降りられるというインテリジェンス（機密情報）を中国国防省は持っていたようだ」と言った。

ところが、この自衛隊機の派遣がいったん内定すると、中国側から「やはり民間機のチャーターにしてほしい」という揺り戻しが来て、取り消しとなった。

中国国内でインターネット上の反対が強くなったことが、その背景のひとつだと中国側は匂わせたが、日本のインテリジェンス当局者は「人民解放軍がネットの反対論を、組織的に増幅する挙に出た影響もあるらしい」と分析している。


こうしてみてくると、日中共同声明に反省もお詫びもなかったからといって「中国が歴史的な変化を遂げた」と学者たちが評価し、その評価を根拠に政治家や官僚が「日中共同声明は画期的だ」と自画自賛するのは、奇妙な話であることが分かる。

そして、これだけなら胡錦濤国家主席はまるで、親日路線を掲げて軍部と闘う「日本のお友だちヒーロー」みたいになる。

しかし実際は、お詫びと反省の代わりに、強烈な反日スローガンを忍び込ませた。

また、中国は日本の国際緊急援助隊を受け入れるときに「諸国のうちで一番早くに、入らせてくださいと日本が要請してきたから」と報道官会見で強調させた。

中国皇帝さまが困ってらっしゃる時に、冊封された諸国の王が功名争いで「お助けいたしたい」と次から次へと手を挙げ、そのなかで早かった王をもっとも忠誠心に富むと評価して、最優先で受け入れてやる、という図をみごとに作っている。

報道官の表情、語調のいずれもふだんに増して「中華帝国のお達し」の色が濃かった。偏見で見ているのではない。中国外交部の会見をニュースで見る、ふつうの庶民は日本でも、たとえばアメリカでも「なんでこんなに偉そうなのか」と感じている。そのように思わないように努めている政治家、官僚、学者のほうがおかしい。市民に実際に聞いてみると、それがよく分かる。

すなわち胡錦濤国家主席は、日本で国会演説をした温家宝首相とまったく同じく、もっとも伝統的な中華思想を徹底的に貫いて、日本を「周辺の蛮族のうちでは使いやすい民族」として利用しようとしているのであって、これを歓迎することそれ自体が、日本が中国の属国となっていくことに繋がっていく。

胡錦濤国家主席が二〇〇八年五月に来日したとき、微笑に努め、日中首脳会談でも共同声明づくりでも従来になかったような当たりの柔らかさだった。それについて「三月のチベット民衆蜂起で、八月の北京オリンピックが無事にやれるかどうか不安になり、親日路線を採って中国のイメージ回復を図った」という見方があるが、それは違う。

温家宝首相が二〇〇七年四月に来日し、微笑戦術で国会演説をおこなったときから、すでに定めていた中国の新しい戦略だった。

中国は、目前の出来事で戦略をころころと変える国ではない。もっと、したたかだ。

さて、日中共同声明には、こんな一節もある。

『中国側は、日本が、戦後六十年あまり、平和国家としての歩みを堅持し、平和的手段により世界の平和と安定に貢献してきていることを積極的に評価した』

これも学者にたいへん評判がいい。

しかし中長期戦略として中国が「日本を利用する」となった以上は、この程度の美辞麗句は当たり前で、いちいちありがたがること自体が、学問の名に値しない。

次に、この一節だ。

『国連改革について（中略）中国側は、日本の国連における地位と役割を重視し、日本が国際社会で一層大きな建設的役割を果たすことを望んでいる』

これを「中国がついに、日本の国連安保理常任理事国入りに理解を示した」と、まともに報道したメディアもあり、学者で同じ認識を強調しているひとは、実に多い。

笑止千万と言うほかない。

この程度の甘い言葉で本気で喜ぶ日本であるのなら、そもそも国連をなにかきれいな世界と考えていることと合わせて、リアリズムがぶつかり合う国連で「建設的役割」を果たすことが無理だ。

しかし、すこし安心してよいのは、この甘い囁《ささや》きに本気で感激しているのは、オールドメディア、学者、政治家、官僚だけであって、ふつうの市民、庶民でそうした人にはまず、お目にかからないことだ。

そして、共同声明にはこの一節がある。

『国際社会が共に認める基本的かつ普遍的価値の一層の理解と追求のために緊密に協力する』

これがチベットの民衆抑圧について、「日本が引き出した中国の前向きの対応だ」と、外務省チャイナスクールの幹部は言う。ふつうの市民なら呆れる。

「基本的かつ普遍的価値」を中国が認めたというのは画期的だと、プロを自任する学者や外交官は感激する。しかし自由とも人権とも少数民族の権利保護とも何とも書いてはいない。「基本的かつ普遍的価値」の定義をする必要がないほど中国が変化しているというのなら、その楽天ぶりは、いったいどこから来るのか。

さらに共同声明には『情報通信技術、金融、食品・製品の安全』などに日中が努めるという趣旨の文言があり、これこそが毒入りギョウザ事件における中国の前向きの姿勢なのだという。

この木で鼻をくくったような一節を、毒入りギョウザ事件で死に瀕《ひん》した日本国民に胸を張って示せるのだろうか。

こうやってみてくると、日中共同声明をどう評価するかというよりも、ふつうの国民の考えや気持ちと大きく食い違って、なぜ学者や外交官、政治家は、このただの美辞麗句あるいはただの甘い誘惑言葉を本気で評価するのか、という問題こそが考えるべきことだと分かってくる。

学者や外交官、政治家は、自分たちが「戦略やリアリズムが分かっているプロフェッショナル」と自任し、つまりは国民を舐《な》めている。

わたしは、えせ何とか、という言葉は使いたくない。

しかし今回は使わざるを得ない。

えせ戦略であり、えせリアリズムだ。

戦略のつもりで、リアリズムのつもりで、ほんとうは「感情論をやめて冷静に」という、まるで世間話レベルのことを言っているに過ぎない。

そして、より深刻な問題がある。

この日中共同声明をみて「これは評価せねばならない」と言う学者や外交官、政治家たちに、前線の兵を見捨てた旧軍の参謀たちと同じ匂いがする。

唐突にもみえるだろうから、書くかどうか迷ったが、やはり記しておきたい。

このような学者や外交官、政治家にひとことだけを言うのなら、あなたは自分では戦わないひとだろうということだ。

誰かを、いやふつうの国民、庶民を「今こそ」といつか危機のさなかに押し出すことはあっても、自分だけは決して危機にさらさないだろう。その匂いがする。

もうひとつ、この学者、外交官、政治家たちには、やはり「中国のように大きく勃興してきた強い隣国に対しては、厳しい姿勢で臨むよりも、評価できるところをこちらで積極的に探し出す姿勢のほうが賢い。上手な処しかただ」という思い込みが感じられる。

しかし、その中国には西暦二〇〇八年五月十二日、終末の黙示録のような偶然があまりにも不幸に、不運に重なった。

四川省で起きた大地震には、四つの重大事が恐ろしいまでに絡みあっていた。

第一には、チベット人が多く棲《す》む地域で発生したことだ。

三月のチベット民衆蜂起のあと、北京五輪の想像外のイメージダウンに苦しんだ中国は、胡錦濤国家主席が毒入りギョウザ事件は未解決のままでも日本に入り、親中派の総理との親密ぶりを世界にみせて、失地回復に利用した。その帰国直後にチベット人の土地で大震災になるとは誰も想像しなかった。

中国指導部はむしろ、これもしたたかに利用しようとした。

温家宝首相が間髪を入れぬ素早さで被災地に入り「中国とあくまでも一体であるチベット人ら」を救う姿をアピールした。事実、チベット亡命政府は抗議活動の停止を指示した。

ところが日が経つにつれ、チベット人をはじめ少数民族と漢人で、救済に大差のあることが明らかになっていく。

たとえば成都の病院では、ベッドも食糧も余裕がある時期がかなり続き、一方で西奥のチベット自治区の方角に近づくにつれ、救助も来ず、医薬品も食糧もない絶望の地が広がった。

少数民族の問題は根深いことを、あらためて世界に目撃されたのである。解放軍の部隊は、チベット人の多い地域では救助よりも治安維持の戦闘態勢をとっているというショッキングな証言も西側に漏れ出した。

第二には、このチベット人の多い地域には、中国の核施設が集中立地されている。震源地を囲むように存在する三都市をみると、綿陽市は水爆の研究（あるいは試験製造）、広元市はいま実用中の核弾頭の製造、江油市は中性子爆弾の製造が確実視されている。

中国の環境保護省は「民生用の核物質が瓦礫に埋まった。しかし問題ない」と公表し世界に衝撃を与えた。

民生用の核施設で問題が生じているなら軍用が無事である可能性は小さい。

中国の核開発は水面下で、ビジネスを当て込んだフランスの協力に支えられてきたとされるが、そのフランス政府の放射線防護・原子力安全研究所が問い合わせると「原子炉に損傷はあったが廃炉なので問題ない」と回答があった。

これも世界中の核専門家に深刻な驚きをもたらした。フランスの当局者は「本当に廃炉なのか、あるいは損傷はそれだけなのかと再び問うたが、回答がない」と非公式に語った。

第三には、この大地震より一足先に、ミャンマー（ビルマ）でサイクロンの襲来があった。

軍政は遺体を数えることすら放棄したとされ、腐敗が進むまま放置された亡骸は、国連の専門家によれば二〇万体を超えている恐れまで生じた。

コレラをはじめ伝染病も発生した。このミャンマーは北で中国・四川省に、南でインド洋に繋《つな》がっている。四川省でもチベット人を中心に腐敗するままの遺体が多数あったという。未曾有の広大な伝染病地域が発生し、それが海を通じて世界に及ぶ可能性は現在でも完全には払拭《ふっしょく》されてはいない。

そして第四には、この四川省、チベット自治区のあたりこそ、中国の鳥インフルエンザの発生源なのだ。

鳥インフルエンザが新型の人インフルエンザに突然変異を遂げるのは、強毒性のH5N1型ウイルスを抱えた鳥（鶏）の内臓に触ったり、その鳥を食したりする人間が大量に現れた時だ。チベット人の多い地区は食糧も足りず鶏を食しているとみられ、瓦礫の下からこの鶏を取り出す兵や警官は、やがて本来、駐留している都市近郊に帰る。あるいは北京オリンピックの警備のために北京、そして馬術競技が開かれる香港など都市部に向かう。

新型インフルエンザの世界的爆発「パンデミック」の崩芽がこの四川大地震の陰に隠されたまま現在に至っている。

四つを客観的にみれば、中華人民共和国の絵空事ではない「終わりの始まりだったのではないか」という予感は誰でも湧く。

日中共同声明に感激した学者、外交官、政治家の思い描く中華人民共和国は、もはやその姿を変えつつある。

現代版・中華思想を理解せよ

温家宝首相が微笑しつつ国会演説をおこない、そのなかでさらりと強調した「道義的に優位に立つ」という姿勢、これこそがまさしく中華思想である。

中華思想は明の時代に隆盛を極めた。大艦隊を中東・アフリカにまで派遣して多くの国々に朝貢させたのである。

その明帝国の時代にも、明は隣国への直接支配をむしろ避けて、たとえば琉球の王を冊封した。

かつてモンゴル（元）がやったような、どこまでも広がっていくタイプの、崩壊を内包してしまう支配ではなく「あくまで皇帝は世界に中国一人である。その他のキング、国王は認めるが、それは（中国の）皇帝の下にある」。そうした自称「道義的な支配」が中華思想の根本であり、戦略の中核だ。

その中華思想を現代に蘇《よみがえ》らせているのが、たった今の中国政府の戦略である。

たとえば、日本列島のすべてを中国の領土にすることなど、愚かな話として、ゆめ考えない。

しかし、あくまでも中国の現代の皇帝である国家主席、中国共産党のトップの言うことを聞く、つまり朝貢をするようにはじんわりと仕向けていく。

現代の朝貢とは、その国本来の権益の一部を中国に与えることだ。だから、東シナ海のガス田問題でも、日本が権益を主張する部分でガスを採掘するのは当然だという考え方になる。

現在の中華思想を作るためには、道義的な優位を強調しなければならない。そのためにこそ中国はまず、温家宝さんを送り出して、当たりを柔らかくした。かつての反日暴動のような愚かなやり方はもうしなくなった。中国は学習した。

漢民族はもともと、よく学ぶ民族である。なぜか。戦争が弱いからである。周りに学び、過去に学び、そうして生き延びてきた。だから外交にも長けている。

日本やドイツとは対照的である。戦争に強い民族は、最後は喧嘩《けんか》をして勝てばいいという思い込みがある、あるいはあったから、七面倒くさい外交は苦手である。

中国は、外交とも言えない稚拙な反日暴動、世界に情報が瞬時に伝わり、日本が弱腰でも世界から中国が論難されることを読み誤っていた反日暴動、それを二〇〇五年四月に仕掛けて失敗した。だから、本来の中国のやり方に戻ったのである。

両国の人口差も忘れてならない。

日本の人口は明らかに減りはじめている。反対に、中国の人口は、良くも悪くも膨大なままだ。国連に届け出た人口はまだ十三億強だが、本当は、十四億の半ばを過ぎていると思われる。

日中の人口の違いを考えても、中国の巨大な圧力が中華思想と相まって、日本に生き方の変更を迫っていることは間違いない。

むしろ、反日暴動で沸き上がっていた時代よりも、中国が一見冷静になっている今こそ、日本の主権者が中国の実態をリアルに理解する必要がある。

好きとか嫌いではなく、怖いとか怖くないでもなく、親中・反中でもなく、中国が何を考える国なのかをリアルに捉えることから再出発したい。

中国の台頭は、日本のチャンス

このように中国を考えるということは、実は、単に中国のことだけを考えるのではない。それは同時に、日本がこれから戦略的にどうやって生きていくのか、ということを考えることでもある。

敗戦までの日本が戦略として考えていたのは、一種、単純な考え方であった。

小さな日本列島、資源もない日本列島を守るために、周りに出ていく。中国大陸や朝鮮半島に出ていき、南方に出ていき、太平洋を越えてアメリカ方面まで出ていって真ん中の本土を守ろうとした。

そのためには、とにかく軍事力を整備増強しなければならない。だから、若い人から職業選択の自由まで奪った。

自分は銀行員になりたい、自分は画家になりたい、そうやって大学で勉強していたひとまですべて、学徒出陣で駆り出した。たとえば戦艦大和に乗せて。

彼らはいまだに沖縄北方の青い海の下に沈んだままでいる。

これまで述べてきたように、日本は二千年間、一度も外国に負けたことがない、外国に占領されたことがない。もちろん、それは素晴らしい奇跡だ。

だが、それが逆さまに出た。二千年で初めて負けた西暦一九四五年、日本国民はおのれを見失った。頭を打ちのめされた。それが戦後七十数年経っても残っている。

だから憲法も変えない。

憲法九十六条がなぜ、あれほど改正のハードルが高い条項になっているか。その草案を書いたアメリカ側のひとり、高齢者になっていてもしっかりと記憶し話すひとを探し当てて、聞いてみたことがある。

すると「あなたは、そんなことを聞くために、わざわざ日本から探しに来たのか」とまず、言われた。

「九十六条、憲法改正条項は、ほとんど議論しなかった」と言う。

驚いて、そのわけを聞くと「やがて日本は独立を回復するから、すぐに憲法を変えるに決まっている。だから、最初はハードルを高くしておいただけだ」と答えた。

思わず茫然《ぼうぜん》としたわたしに、彼は諭すように繰り返して、こう語ってくれた。

「なぜ憲法改正の発議が総議員の三分の二なのか、なぜ国民投票が国民の過半数なのか、そんな中身も具体的にはほとんど議論してない。九条や一条（天皇の地位）は色々と議論したが、改正条項（九十六条）のところは、どうせ日本が、こちらの作った憲法を変えるだろうから最初はハードルを高くしておいただけだ。まさかそれを金科玉条にして守り続けるとは夢にも思わなかったよ」

しかも戦後日本は、条文を変えないことを「護憲」と呼び、憲法の民主主義の精神や平和国家をめざすという理念そのものを護ることよりも、条文を変えないことを「護憲」として墨守《ぼくしゅ》してきた。

憲法改正すら棚上げし、戦後一貫、戦略を持たずに済んだのは、敗戦で頭を打ちのめされ、勝ったアメリカに全部お任せするということで済ませてきたからである。

憲法から安全保障、国家戦略に至るまで、日米同盟があればいいということで済ませてきたのだ。

ところが中国の台頭という新しい事態を迎えた。たとえば、クリントン政権のときに合州国大統領は中国に八日間も滞在したのに、日本には一日も立ち寄らないという「ジャパン・パッシング」が起きた。トランプ大統領はある意味、真逆だが、それだからこそ次の、あるいはその次の大統領でまた真逆になることが十二分にあり得る。

これはむしろ、わたしたちにとって、大切なチャンスである。戦後初めて、日本国民が自分の頭で考えるチャンスが巡ってきた。

日本は、わたしたちのオリジナルの民主主義を、たくさんの間違いや積み残しがあっても造ってきた。すなわち天皇陛下のご存在と両立する民主主義を造ってきた。

これは世界に類例がない。イギリスの国王、女王の制度は日本の天皇陛下のご存在とはまるで違う。似て非なるとはこのことである。欧州の王家はむしろ血を混ぜ、文化を混合する政略のためにあった。ひとつの文化を継承し育てるために、男系・父系一系の天皇を護ってきた国は、ほかにない。

わたしが仕事上でつきあうアメリカ政府や軍の関係者にこれを話すと、他のどの話よりも熱心に耳を傾けてくれる。皇室論が珍しいこともあるだろうが、文化をどうやって次世代に引き継いでいくかが、文化なきアメリカ、文化を創造していくしかないアメリ力にとっても大きな関心事だからだ。

そして敗戦後の七十数年の歩みは、天皇陛下が考えるのでもなければ、幕府が考えるのでもなければ、わたしたちふつうの生活者、ふつうの国民が国家の戦略を考える時であるとも言える。

たとえば僭越《せんえつ》ながら、はばかりながら、一民間人にすぎなかった青山繁晴が、あるいは、純然たる民間シンクタンクの独立総合研究所（独研）が、国家安全保障についてダイレクトに実務をやっていた。わたしがやむを得ず国会に出たあとも独研はそれを真っ直ぐに続けている。

こうしたことも、実は変化の一つであろう。手前味噌《みそ》な話だとは思わない。われわれは儲《もう》けるためにやっているのではない。スタートを切るためにやっている。民間が、民間人が国家の安全保障をも担うのだ。

国会議員や行政官（官僚）や自衛官、警察官だけではない、ふつうの国民が担う。そのスターティング・ポイントとしてやってきた。

ふつうの国民が国家戦略を考える以上、当然、新しいノウハウがなければならない。

そこで、もう一度中国に立ち返って、中国の例を考えてみよう。

世界で唯一、侵略戦争を続ける国は？

中国を考えるとき、中華人民共和国はいつ誕生したか、そこから始めなければならない。

すなわち歴史である。歴史が右手だとすると、戦略を考えるときに、必ず左手がなければならない。その左右のバランスで考えなければならない。

右手の歴史を考えるのは、日本国民は案外好きだ。歴史好きのひとはたいへん多い。

しかし左手については苦手のようだ。

学校では必ず教わっているのだが、この学科を好きだというひとは、少なくともわたしの周りには誰もいない。しかも教えている目的が間違っている。

さて、左手は何か。それをいったん読者に問いかけてここでは答えを出さずに、まずは歴史から考えてみよう。

まず一番大きな視点から見てみよう。果たして、人間は進歩したのか、それとも進歩していないのか。

人間は野蛮で進歩していないというひとが圧倒的に多い。日本ではとくに多い。他方、アメリカ人には比較的少ない。元来、楽観的だからだろう。

客観的にいうと、実は人間は進歩している。核兵器という大量破壊兵器を持ちはしたが、進歩はしている。

一九四五年夏の日本の降伏をもって、あの悲惨な第二次世界大戦が終わった。終わったあと現代に至るまで、主要国の中でそれ以前のような侵略戦争をやった国は、ある一カ国の例外を除いては、無くなった。

第二次大戦までは、どこの国も侵略戦争のし放題だった。

日本の中国進出は、中国から見れば侵略戦争である。しかし、アメリカもイギリスもドイツも、みんな侵略していた。だからアジアの一員、真近な隣人としてまさか座視できなかった。

古典的にして全面的な侵略戦争、まるで恥というものを知らない侵略だけは、人間は西暦一九四五年の夏以降、一カ国を除いては、ぴたりとやめた。第二次世界大戦で推定六〇〇〇万人（諸説あり）という、あまりにも無惨な犠牲を出したので、さすがに人間は学んだ。

だから、人間は実は進歩している。核兵器を持っていても。

では例外の一カ国とは、どの国か。せっかく第二次世界大戦が終わって人類が進歩したなかで、一カ国だけ旧態依然たる侵略戦争をやっている。

それはどこか。講演でよくこう問いかけるのだが、八割のひとが「アメリカ」と答える。

そうお答えになる理由はよく理解できる。

一九四五年にせっかく世界大戦が終わったのに、五年後の一九五〇年にはもう朝鮮戦争をやっていた。朝鮮戦争をようやく休戦に持ちこんだら、もうベトナム戦争の兆しが始まっていき、六〇年代と七〇年代前半はベトナム戦争で泥沼だった。

ベトナム戦争で負けて、戦争がいやになったのかと思ったら、また湾岸戦争で勢いを盛り返して、すっかり自信を回復した挙げ句、間違ったイラク戦争に突入して、ベトナ

広島に落とした原爆の実物模型。ロンドンの戦争博物館で見つけて、この悪魔をじっくり調べていると「落とされて当然だ」と主張する、通りがかりの英国人と激論になった。

ム戦争とは違う新種の泥沼、すなわちテロリストに勝てない沼になってしまった。

つまりアメリカは、ずっと戦争をしているから、一カ国だけ侵略戦争を続けた例外はアメリカだという答えは当然出てくる。

しかし、これは間違いである。

というのは、アメリカは領土を拡張する戦争をやっていない。朝鮮もベトナムも自国領にする意図は全くなかった。もしもアメリカが領土を拡張する戦争を続けているなら、カナダもメキシコも存在しているはずがない。軍事力が全然違う。北米大陸と南米大陸が、すべてアメリカ合州国になっている。

わが日本に対してはどうか。

せっかくアメリカが苦心惨憺《さんたん》して原爆まで落として勝った。労働モラルは極めて高く、技術力は非常に高く、地政学的にも絶好の位置にある日本を手放すはずがない。当然、アメリカの日本州になっているはずである。しかしアメリカは日本を一九五二年に独立させた。

要するに、アメリカ人は領土的野心がない。

別にアメリカ人は良い人たちだと言っているわけではない。

アメリカ人はどこまでもカウボーイなのだ。カウボーイは、自分の牧場を確保したら、その牧場を増やすという発想には乏しい。確実に守ることが第一だ。

たしかに、アメリカと同じ考え方の国を増やそうと躍起になって大失敗もするが、領土そのものを増やすわけではない。明らかによその国の領土に攻め込んでいって、そこの国民を虐殺したり、自分の領土にしてしまうという旧態依然たる戦争を、世界は、ある一カ国を除いてしなくなった。

アメリカがその後も続けてきた戦争は、そうした旧態依然たる戦争ではない。

これが答えだ！

では、どこの国なのか。この答えがすなわち中国である。

決して「反中」で言っているわけではない。中国嫌いで言っているわけでもない。客観的な事実として言っている。

まず西暦一九四五年八月に第二次世界大戦が終わった。その後、中国は内戦を経て、一九四九年十月一日に天安門広場で、北京秋天、つまり北京の秋の晴れた空の下、毛沢東が中華人民共和国の成立を宣言して中国共産党による統一政権の歴史が始まった。

いわば、ユーラシア大陸の東方に赤い星が生まれたようなものだ。

その当時、これから中国をどうするかと考えた当時の中国軍の高級将校に、一九九九年ごろ、北京で会って長時間、議論したことがある。当時、別に会った退役将軍の盧光鄴・元少将が、率直に、フェアに話をしてくれたことに感嘆し、この元将校にも会ってみた。

こちらも率直に中国の批判もした。逆に、日本で少年犯罪が増えることや、日本が国家主権の一部を回復できないでいることも打ち明けた。

つまり、主権国家にはどこの国も軍隊があるが、日本の自衛隊は軍隊ではない。なぜ軍隊ではないか。自衛隊でしかないのか。

すなわち国家が目標を失っている。たとえば子供が、普通のサラリーマンのお父さんにこう聞いたとしよう。

「お父さん、わたしはやがて大人になってお父さんみたいなサラリーマンになるのかなあ。その時に人間は何のために働くの？」

すると、日本のお父さんは、この国の理念のためとか、この社会の理念のためと答えることは少ない。たいてい「誰がおまえを食わせてやってると思ってるんだ！」というような答えが返ってくる。

これでは、日本の少年が将来に対して希望が持てなくなるのは当然かもしれない。むしろ頭のいい子供ほど、希望を見失う。

社会共通の、あるいは国民国家として共通の理念があって、しかしその理念はいささかも強いられることがない。それぞれの持ち場で自分なりに理念をどう受け止めるかを、あくまで自立して自由に考え、ささやかながらその理念に貢献するのが仕事だと考えるひともいる。それが、ほんらいの仕事社会ではないだろうか。

たとえば、毎日ガラスを磨いていても、毎日ドアの蝶番《ちょうつがい》だけ作っていても、その人がいなかったら国全体の社会が成り立たない。どんな仕事であっても、祖国の理念を実現するためにある。

民主主義や国民国家の理念が、国民がお互いに助け合うことだとしよう。自分のために生きるよりも人のために生きるのが理念だとしよう。そうなれば、子供たちは荒れるよりも、みんなで担う目標に向かって、自分なりのやりたい仕事をやろうと考えるようになるだろう――。

というような考えを、その元将校に話すと「今まで、いろんな日本の政治家や自衛官と会ったけれども、こういう話は聞いたことがない。じゃあわたしも、まだ私が一人の将校だった頃の話をしましょう」と語ってくれた。

「一九四九年十月一日、中華人民共和国が北京の青空の下、成立したときに、われわれ

朝鮮戦争が休戦になるとき中国人民義勇軍の代表を務めた盧光鄴・退役少将（人民解放軍）と議論した。女性は、軍が育てた優秀な対日専門家。盧退役少将は英語を話せるが、この女性が日本語と中国語の「通訳」として議論に巧みに入ってきた。

次に盧退役少将と話した時は、人民解放軍の大佐（当時）が加わってきた。退役将軍である盧さんと同じく背広を着ているが、現役組だった。

は焦点を絞って考えていた。一つは、今から半世紀以上前の中国にとっては、大きな重荷だが、やがてはこれが中国を支えるようになるものがある。それを育てよう。そう考えた」

たしかに、中国にとってそのときは大変な重荷だった。そしてそれは、現に中国を世界に押し出す最大の要因になっている。

果たして、それは何か。

最大のハンデを最大の強みに変えた

答えは人口である。

当時の中国は、この膨大な民をどうやって食べさせていくのか、という難問を抱えていた。実は今、二十一世紀も二十年を経てなお、中国は多すぎる民をいつも食べさせられるかということに強い不安を隠し持ったままだ。だから現在、たとえば世界で収穫されるコメの何と三分の二を中国にため込んでいる。

世界の穀物市場と食糧事情に甚大な影響を与えてしまっている。

建国当時の中国に戻るとまず、多すぎる人口がどんなに大きな重荷であっても、どうにかして食べさせて維持していくと決めた。国家戦略として「それが中国の立場を世界でいちばん強くする」と考えたのである。

つまり自分たちが今、どういう生活をするかより、子や孫の世代になったときに中国はどう世界で生き残れるかということを考えた。ここは大事なポイントである。

もう一つ、「われわれ中国は外に出ていこうと考えた」という。そこで、わたしはその元将校に皮肉を言った。「それでは、戦前の日本と同じですね」と。それに多少むっとしたのか、元将校は、なぜそう考えたかは説明してくれなかった。

しかし、わたしには思い当たる節がある。

その元将校と会う十数年前、共同通信の若手記者として最初に中国へ出張したとき、ずっと公安の監視員がついていた。もちろん、公安ということにはなっていない。通訳ということになっていたが、本当は公安である。

かなり長いあいだ出張していて監視員と仲良くなり、万里の長城に行くことになった。

おんぼろワゴン車で万里の長城へ向かったとき、若かった中国の公安の人間がこう誇らしげに言った。

「青山さん、今から行く万里の長城は、わが漢民族がいかに平和な民族であるかという象徴です。大和民族がやたら戦争をして外へ出たがったのと違って、わが漢民族はわが国土と国民を守るために、万里の長城という平和なものを築いて、あくまで戦争をしないで守ってきたんです」

そこでわたしは彼に反論した。

「君は愛国者だ。わたしも愛国者だ。君の愛国心は断固、尊重する。しかし、うそはだめじゃないかな。漢民族は外からの民族の侵入が怖いから、何度も外へ出ていって戦った。だが、よく負けた。だから、無駄とわかっていても万里の長城を築いた。せっせと築いたけれども、たとえばモンゴル軍に蹴破られた。中国四千年の歴史というけれど、途中、モンゴルに変わっている。それが元王朝だ。元というのは実はモンゴルだよね。それに清も満州族（女真族）の国だ」

万里の長城は、観光地化されたところだけでなく、たとえば草むすままのところに行ってみると実際にモンゴル軍が突き破った跡がそのまま残っている。今から七百年以上も前の痕跡がそのまま残っている。

万里の長城と格好良く言ってみたところで、人間が絶対によじ登れないような高い城壁を造れるわけがない。所詮《しょせん》、ある程度の高さしかない。

突き崩されたところから、北に向かって立って見ると、右手には緑もある、街もある、中国が広がっている。左手には、木一本すら生えていないモンゴル草原がざぁっと広がっている。

モンゴルへ行くと、地平線に一本の筋が見える。

最初は何かわからない。その筋が、だんだん太くなっていく。やがてそれが馬だとわかる。やがて馬が迫ってきて、一見、すべて裸馬のように見える。

ところが、もっと近くで見るとモンゴルの子供が乗っている。地上に降ろすと、ちゃんと歩けないような小さな子供でも、馬に乗り、騎馬となって、騎馬軍団となって馬を自由に操れる。

馬術に長けているうえに、モンゴル馬というのは、競馬馬のサラブレッドを見慣れたわれわれの目にはまるで違う生き物のように見えるほど、足が短い。足が短いのに、ものすごく速い。太くて短いから逞《たくま》しい。

その短い足で万里の長城を蹴破って、登ってきた。万里の長城を登って、そこから騎馬兵が青竜刀を振り下ろしながら中国に侵攻していき、あっという間に中国は滅ぼされた。

つまり万里の長城というのは、実は漢民族が平和な民族だという象徴ではなく、中国の弱さの象徴なのである。

だからこそ、中華人民共和国の建国のときに、今までのように万里の長城を造るような守りの姿勢に入るのではなく、外に出ていって、真ん中の中国の赤い星を守ろうとした。

今まで戦争に弱かった漢民族を克服して、戦いにも強い、外に出て真ん中を守る漢民族になりたいという戦略であった。

これを思い起こしていると、目の前にいる元将校はムッとしたままで、答えてくれないでいたが、わたしが「二度と周辺民族に侵されない。それが人口を守る、育てるのと並ぶ、建国の目標だったのですね」と語りかけると、最後に「そうですね」と静かに、しかし決然と背筋を伸ばして答えた。

第三の章　中国は次は東にすすむ

中国は負け戦をしない

人口問題は日中関係を考える上でもキーポイントである。この問題をきちんと踏まえた上で、中国に新しく生まれた共産党政権は、建国の戦略を考えた。

一九四九年の当時に、中国の周りを見渡してみると、一カ国だけ、その人口でやがて中国を追い越す国があると考えたという。

どこか。インドである。

中国は、前述したように、もともと戦争に弱い。弱いからこそ、負ける戦争はしない。日本やドイツのように戦争が強いと、負けるに決まっている戦争に飛び込んでいってしまう愚かなことになる。

普段の生活を考えてもわかるように、けんかが弱い人は、わざわざ強い相手に向かっていかない。反対に、自分が強いと思っていると、自分よりはるかに身体が大きな相手にけんかをふっかけて、無惨にやられたりする。

中国は、やがて人口で自分たちを追い越すインドを最も重大な脅威の一つとして考えたが、決してインドに攻めこむような愚かなことはしなかった。

中国は人口で世界をリードしたい。同時に周辺諸国に脅かされないために外へ出ていきたい。しかし負け戦、無理な戦争はしない。そこで、インドに攻めこむのではなく、インドの頭の上を押さえようとした。

インドの頭の上のその国は、まったく戦争に弱い。ひとと戦うことを知らない。かつてスペインに滅ぼされたインカ帝国と同じように。

それがチベットである。だから、建国の翌年の一九五〇年に、中国はチベットへの侵攻をはじめた。そして一九五九年、つまり建国から十年後にチベットを完全に併合した。

チベットはそれ以降、中国の「自治区」ということになった。

わたしには二人の息子がいる。二人の息子たちは学校で、「チベットは中国の一部だ」と教わっている。息子たちに、こういう話をちらっとすると、「えっ、お父さん、チベットは中国の自治区だよ」と言う。これが戦後教育である。

中華人民共和国には、そういう「自治区」がある。だから「人民共和国」なのだ、だからこそ五星紅旗は五族協和を示している、わたしも学校で、そう教わった。

だがわたしの場合、たまたま仕事で世界を歩き、現場主義、当事者主義で取材したから、戦後教育とは違う考え方を持つようになった。

たとえば、亡命チベット人に聞いてみればわかる。

アメリカには数多くの亡命チベット人がいる。日本にも、数はとても少ないが、いる。亡命チベット人に、アメリカで話を聞いたことがある。そのとき、「チベットの人々は、自分たちは中国の一部と思ったことはあるんですか」と聞いた。

すると、複数の亡命チベット人は涙をこぼしてこう憤慨した。

「青山さん、あなたがもしチベット人に、日本は中国の一部だと思ったことがありますかと聞かれたらどうですか。あり得ないことでしょう。われらはチベット民族だし、チベット仏教という、中国仏教とは全然違う文化がある」

わたしはその話を聞き、文化こそ祖国だという考えを持つ原点になった。彼らは、こうも語ってくれた。

「わがチベット仏教は、漢民族の文化とはまったく違う。だから全然違う国であり、中国の一部だったことなど、まったくありません。中華人民共和国ができて侵略戦争が始まった。わたしたちは戦う術を知らなかったから、男は亡命し、女性、子供は殺されて、中国に侵略された。しかも同化政策によって、純粋なチベット人の子供はどんどん少なくなっている。中国人と結婚させられて、チベット全体が大きな意味で民族抹殺のような状況になっている。巨大な侵略だ」

わたしがこの言葉を聞いたのは、二〇〇八年三月にチベットで大規模な民衆蜂起がおきる七年以上も前のことだった。

勝ち戦で西、南、北へ侵略した

チベット併合に驚いたのは、日本でもアメリカでもなく、インドだった。インドにしてみれば、自分の頭の上を削がれたようなものだ。

実はインド人も、たとえば日本やドイツに比べてはるかに戦略的な、長期的な視点でものを見るひとびとである。だから、これはチベットと中国の争いではなくて、中国がインドの頭の上を押さえにきたと、インドは理解した。

そこで中国とインドの戦争がはじまった。一九五九年から六二年まで、三年間続いた。戦後日本国民は、これを「中印国境紛争」と教わっている。近くにいるから争ったという話になっているが、それは違う。

中国の要人に聞いても、インドの要人に聞いても言うことは同じ。「領土紛争」と言っている。

インドと中国はこうして戦った。戦った結果、中国はインドに勝った。はっきり言うと、インド人は漢民族に輪をかけて弱い。だからずっとイギリスの植民地になっていた。

戦争が弱いから、ガンジーの非暴力主義になった。戦争が強かったら、必ずレジスタンスになって、激しい武力闘争になるはずだが、戦争が弱いからこそ、なんとか独立しようとガンジーの非暴力主義が生まれた。

かくしてインドは戦争に負けた。その結果、インドはシッキム地方という、チベットとブータンとネパールの間に挟まれた地方を奪われた。シッキムという名前からして、ほんとうはインド領である。

中国はそれを奪い取った。決して、インド全土に攻め入るような愚かなことはしない。中国はチベットを自国のものとし、それからシッキム地方を奪って、それでよしとした。だから一九六二年に戦争は終わった。

インドは中国に対して大きな怯《おび》えを持ちながら、当面は中国に対して対抗できなくなった。すなわち、中国は西方（西南方）の脅威は抑えた。

そこで、中国が次に何をしたかというと、北方に出ていった。

北方には誰がいたか。旧ソ連邦がいた。

戦後教育でいえば「中ソ国境紛争」が起きたのである。われわれは、みんな同じことを教わった。「中国共産党とソ連共産党、路線の違いがある。それでぶつかった」と。

ところが、モスクワで、あるいは北京で話を聞くと、そんなことを言う人は誰もいない。みんな同じことを言う。「領土紛争、領土の奪い合いだ」と。

あるロシアの軍幹部がこう言っていた。

「青山さん、われわれロシア人は一九四五年の夏から過去最大の領土を得た。つまりユーラシア大陸全体に大きく覆い被さるような領土が、わがロシア人のものになりました。アジアからヨーロッパを貫く大国家になった。それで喜んでいたら、ヘソのあたり、お腹の真ん中あたりをガジガジと削るやつがいる。見たら中国人だった」

それが、ウスリー川の衝突である。共産党の路線の違いなど、関係ない。

中国はそうやってロシアの領土を取ろうとした。取ろうとはしたが、中国人は馬鹿ではないから、それ以上攻め込まない。

すなわち、本当はロシアに対してのメッセージだった。中国の北方の領土を侵すなという警告である。

中国はモンゴルの半分を奪ってモンゴル自治区にしている、「内蒙古自治区」にしている。それ以外のモンゴルの本体は、ソ連の衛星国になっていた。だからといって、「同じモンゴルだ」と主張して内蒙古を削り取りにくるなというメッセージである。

ほんらいは、モンゴルはモンゴルであり、漢民族のテリトリーではない。そこを、外に押し出していって、漢民族の本体を守るため、内蒙古までは中国のもの、つまりモンゴルは半分このまま現状維持で、それ以上出てくるなというメッセージとしてウスリー川で戦った。

こうして中国は西に出ていき、北に出ていき、次は南に出ていった。それがベトナム、中越戦争である。

ベトナム人は極めて戦争に強い。

その戦争に強いベトナム人がフランスを追い出し、その後、世界で初めてアメリカに勝った。せっかくアメリカに勝ったと思ったら、昨日まで友達だった中国がいきなり攻めてきた。

これも「中越戦争は、ベトナム労働党と中国共産党の路線の違い」と書いてある教科書がある。間違いである。ハノイと北京で実際に聞くと、そんなことを言う人は誰もいない。やはり、領土の奪い合いである。

アメリカ軍がいなくなった途端に、中国人はベトナムの領土を取りにいった。本気で取りにいった。

ベトナムは大変強い。だから、今度は中国が負けた。中国はインドには勝ったが、ベトナムには勝てなかった。だから、ベトナムは現在の統一ベトナムとして残った。

だが、話はこれで終わらない。ベトナムは本土を守ったかわりに、ベトナム人が苦手な種類の戦いでは、実は大事なものを取られている。

それは何か。南沙諸島である。

ベトナムは、本土は守ったが、海の島は取られた。中国がそういう島々を好きだという話ではない。海洋資源、海底資源に着目していた兆しである。

ベトナムは本土を守り、中国は南沙諸島を占領した。現在も中国の海兵隊が常駐する。アメリカ同様に中国にも海兵隊はいる。今も南沙諸島にいる。

そして、ベトナム戦争中の一九七四年には、南ベトナムが支配していた西沙諸島も奪っていた。こうして中国は島々を押さえた。

日本に欠けた思考を得意とする中国

以上のように、中華人民共和国の歩みを見てくると、明らかに、ある方角だけ、攻めていない。

第二の章で、右手と左手の話をしたことを思い出してほしい。右手は歴史だということを最初に言った。それも、戦後教育の中で、うわべを書いてある歴史ではない。当事者や当事国に聞いた上で理解する歴史である。

では、左手は何か。

もう、お分かりであろう。そのとおり、地理だ。

考える上での片腕とも言うべき地理。その地理を、わたしたちは学校でどう教わったか。

たとえば、富士山は高さ何メートル、日本で一番長い川は信濃川で何メートル、ノルウェーにはリアス式海岸があって、という暗記の勉強として教わった。

だが実は、地理は地政学である。

地理的条件によって人間の文化や暮らしぶりがどう変わり、それによって民族や国家の戦略はどう変わるのか。それを知るのが地政学である。

日本の学校では、地理は教えても地政学は教えてこなかった。だから、みんな意味がわからない。なぜ、こんなことを勉強しなければいけないのか。何で細かいことまで覚えなければならないのかと思うから、少くない生徒が嫌いになる。

だが、たとえば、富士山を考えるなら、ああいう活火山が日本列島の真ん中にあるということは、日本の文化や戦略に、どう影響するのか。硫黄島の摺鉢山《すりばちやま》まで火山帯が続いている、そういうことを学ぶのが地政学である。

他方で、中国の今までの歩みは、地政学を見事に考えている。

たとえば、インドの頭を押さえようと考えたときに、インド本体に攻めこむような愚かなことはせずに、インドの頭の上を押さえる。それからロシアに対して、モンゴルを分け合うという意志を示す。

ベトナムには、アメリカがいなくなり、本気で領土を取りにいって、失敗した。成功も失敗もあるが、それでも中国はちゃっかり島を押さえた。常に地政学で動いている。

本書で歴史の流れ、特に一九四五年以降の歴史の流れと、それから方角を中心にジオグラフィックな話をしたのは、わたしたち日本国民が、中国に比べれば小さな日本列島の根幹戦略を自分で考えるなら、歴史と地政学を自分の頭で組み合わせなければならないからだ。

これはなかなかたいへんな作業だ。同時に、何ともおもしろい作業である。自分たちの考え方で国家を決めていこうとするのだから、こんなにおもしろい話はない。

アメリカが改革をやれるのは当たり前だ。あの国はできてから、たった二百四十年。作ったばかりの制度だから、どんどん変えられる。

しかし、この国は二千年の歴史を持っている。その二千年の歴史を民主主義に基づいて変えようという試みは人類史上初めてだ。

中国の歴史はもう少し長いが、いったん滅んでいる上に、共産主義という押しつけで変えようとしているわけだから、まったく違う。

だから、日本国民がこれから取り組むこんな楽しい話は、世界にない。

中国が攻めなかった方角

いま一度、地政学に戻ろう。先ほど触れたように、中国はある方角にだけ、実は出ていっていない。

それはどこか。東である。東、つまり日本の方角である。

ではなぜ、中国は出てこなかったのか。日本国民が好きだからか。そうではない。

答えは明瞭だ。中国は負け戦はしない。

戦後の日本を強いと思っているからではない。なぜなら自衛隊しかない。真理は常にシンプルである。

先述したベトナムの例を思い出してほしい。

中国はなぜ、ベトナムに攻めていったか。アメリカがいなくなったからである。つまり、中国はアメリカがいるから、在日米軍がいるから、出てこなかった。アメリカがいるから、中国は東側に対して戦争を仕掛けなかった。つまり人民解放軍は東側に向かって動かなかった。

動かなかったからこそ、空軍と海軍の現代化、近代化が遅れた。すなわちインド、ロシア、ベトナム、みんな地続きだから、基本的に陸軍の戦争だという発想だった。だから、海空軍の強化、現代化が遅れたわけである。

では、中国は東側を放置してきたのか。実は違う。先述のとおり、中国が侵略戦争をはじめたのが一九五〇年のチベット侵攻から、そして南沙諸島を奪った八八年まで侵略戦争を続けた。

その途中の一九六九年に、この東アジアにおいて、戦争ではないが、世界があっと驚くことが起きた。

戦後日本国民の大好きな国連が、一九六八年から東アジアで調査をはじめて、一九七〇年にかけて報告書を出した。その報告書を見て、世界はあっと驚いた。

中国も非常に強い関心を抱いた。なぜか。

中国の赤い星政権が一九四九年に抱いた二つの原則、一つは人口を育てる、それから外へ出ていくという二原則を思い起こしてほしい。

人口を養うためには何が必要か。巨大人口を育てていくため、絶対に欠かせないもの。食糧と資源エネルギーである。後者はたとえば石炭、石油、天然ガスだ。

さて、国連の報告書は何の報告書だったか。

中国が東側に食指を伸ばした理由

一九六八年から国連の専門機関のエカフェ（ＥＣＡＦＥ、現エスカップ〔ＥＳＣＡＰ〕）、つまりアジア極東経済委員会の委託で、専門家が尖閣諸島を中心とした東シナ海の海底油田と海底ガス田の調査を実施、七〇年にかけてその報告書を公表した。

あくまで可能性の問題としてだが、きちんと採掘をしたなら、当時の推定金額で六〇〇兆円分以上の海底資源があると報告された。

六〇〇〇億円ではない。現在の価値に換算すると、一〇〇〇兆円を大きく超える。一一〇〇兆円にも達するだろう。

神様のいたずらではないかと思うが、ちょうど日本が、国と地方を合わせて抱え込んできた借金と同じである。

一九六八年から七〇年にかけてその報告が明らかになっていったとたん、七一年に、中国は行動を起こした。どんな行動か。

先述のとおり、アメリカ軍がいるから、中国は軍事行動を起こさなかった。西、北、南と全部軍事行動を起こしたのに、アメリカ軍のいる東側には、軍事行動を起こさなかった。

だが同時に、報告書を見て、一九七〇年に中国はある行動を起こした。それは何だったか。

答えは尖閣諸島である。南沙諸島と西沙諸島は、中国の海兵隊が占領している。それなのになぜ、尖閣諸島は占領しなかったのか。

日本が好きだからか。先ほども述べたように、もちろん、そうではない。アメリカ海軍が周りにいるからだ。日米軍事同盟があるからだ。

もし、尖閣諸島を武力で占領しようとしたら、アメリカ海軍が出てくる恐れがある。仮に、そうなったら、中国海軍は木っ端微塵《みじん》にされる。

だからこそ、南沙諸島や西沙諸島と違って、尖閣諸島に対しては何をしたか。

中国は領有宣言をした。しかも一方的な領有宣言。世界があっと驚いた。一九七一年の領有宣言で、尖閣諸島は古来中国のものだと宣言した。

一九五二年にサンフランシスコ講和条約が結ばれている。日本の独立を回復したサンフランシスコ講和条約である。この講和条約で、一九五二年四月二十八日をもって日本は独立を回復した。

保守派の中には、その日を独立記念日にしろと言っている人がいるが、それは間違いだと思う。

なぜ間違いかというと、講和条約の中に但し書きがある。「ただし、尖閣諸島及び沖縄を含む南西諸島については、古来日本の領土であるが、当面アメリカの施政下に置く」という趣旨だ。

だから、四月二十八日を独立記念日にしたら、沖縄は捨てることになってしまう。独立を言うなら、沖縄が返ってきた日を記念日にしなければいけない。

だから中国は尖閣諸島を欲しがっている

いずれにしても、講和条約に、沖縄や尖閣諸島は日本のものだと書いてある。

条約の発効は一九五二年。中華人民共和国が出来て三年も経っている。もし尖閣諸島の領有権を主張するなら、なぜ、あのときに文句を言わなかったのか。それを一九七一年になって言い出したのは、なぜか。

理由は明々白々。先の国連の報告書が出たからだ。資源が欲しいからだ。

だからこそ、世界が中国の態度に驚いた。ルール無視だと考えた。

中国は、どう反論したか。実際に北京でこう反論されたことがある。

「いや、青山さん、違う。サンフランシスコ講和会議に出ていったのは、蔣介石の国民党政権だ。わが中華人民共和国は行っていない。当時、国連加盟国は中華民国だった。だから議席はなかった」

それは違う。事実だが、間違っている。

すでに中華人民共和国が成立しているのだから、当然、尖閣諸島は自分のものだと、サンフランシスコ講和条約は間違っていると言わなければいけない。だが当時、中国は一言も言ってない。そのときは興味がなかったからであろう。

かつて民間専門家の端くれの時代に、海上自衛隊のＰ３Ｃで尖閣諸島の上空、それも低空を飛んだ。すると島そのものは狭いただの島であり、石ころしかない。だから中国はもともとは興味がなかったことがよく実感できた。

ところが、島をめぐる海に海底資源があるという報告書が出た。

人口を養うために、エネルギーは決定的に大事だ。それも自前のエネルギーが肝要だ。中東から、お金を出して買うのではなく、自前で確保するエネルギーを持つ。そのために尖閣諸島の領有を宣言した。

そこで、世界中が日本はどうするかと見守った。武力で占領したわけではないが、一方的に領有を宣言したわけだ。明らかに日本を侮る行為である。

竹島についても同様だ。韓国は、サンフランシスコ講和条約が結ばれて日本が独立を回復する直前に、李承晩ラインという線を勝手に引いて、勝手に竹島の名前を独島と変え、自分の島だと言った。これが竹島問題のスタートだ。

つまり韓国は、日本が独立を回復して主権国家に戻ると厄介なので、その前に竹島を取ってしまったわけだ。

李承晩大統領がラインを勝手に引いた。そのラインに対して日本は実質的な文句を言っていない。こうして竹島は韓国に軍事支配される島になっている。

日本はアメリカと同盟を結んでいる。だが、それは日本有事やアメリカ軍基地が叩《たた》かれた場合の話であって、尖閣諸島を領有するだけなら、アメリカも文句を言わないだろうと侮って、中国は領有を宣言した。武力を使ったら、アメリカが必ず出てくるから、とりあえず領有を宣言するだけにしようと企図し、それをテコに実効支配しようとしたのである。

「これではＣＩＡも情報を取れない」

さあ、日本はどう反論するか。

世界が見守る中、一九七二年、領有宣言のわずか二年後に、日中関係にとって決定的に大事なことが起きた。当時は田中角栄総理と大平正芳外務大臣の強力コンビである。

そう。日中国交正常化だ。

中華人民共和国は新しい国だったから、国交回復ではない。あくまで正常化である。

直前のニクソン訪中というショックを受けて、田中角栄総理も訪中、日本は一九七二年に日中国交正常化をした。正式な日中友好条約は、それから六年も後になるが、とりあえず日中共同声明が出ることになった。

日中共同声明が出る以上、当然世界は、アメリカをはじめ、その声明の中に尖閣諸島をどう書くのか注目した。

当時、CIAで東アジアを担当していたひとが、こう打ち明けてくれた。

「いくら、日中共同声明の中身を探ろうとしても、情報がない。日本はいつから情報を隠せる国になったんだと感心していた。ところが、日中共同声明が発表される直前、アメリカは文案を入手した。それを見てみんな目を疑った。なんと一言も書いてない。情報が取れないんじゃなくて、尖閣諸島のせの字もない。これでは、いくらCIAでも分からないわけだ」

彼はそれ以上、言ってくれなかったが、わたしはその後、自分で外交文書を探し当てた。そこに一行半だけ出てくる。

「日中双方は、これを外務省の局長級協議でもって、およそ三十年のあいだ棚上げにすることで合意した」

つまり、外務官僚の局長レベルで、勝手に棚上げに同意してしまっている。

では、その後四十年の間、中国はどうしてきたか。日本国とは違い、中国は棚上げにするのではなく、彼らの乏しい資金力、彼らの乏しい技術力（だから本当は犠牲も出ている）で試掘を続けてきた。

それが「東シナ海ガス田問題」である。

第四の章

中国が狙っている「第四の資源」

問題を棚上げにした外務省

中国が着々と東シナ海の開発を続けてきた四十年間、日本は何をしてきたのか。

なんと、本当に棚上げにしてきた。しかも棚から下ろすつもりのない棚上げである。

四十年間わが国は、日本国の一億人を超える人口のエネルギーをどう確保してきたか。ただ中東諸国に資金を払って、原油と天然ガスを買ってきただけである。あるいはインドネシアから天然ガスを買ってきただけである。金でまかなってきたに過ぎない。金に飽かすのが悪いと叫んでいるわけではない。要は、買ってくるということは、いま生きている自分たちのためだけのエネルギーだ。

原油も天然ガスも、ある程度の備蓄はできるが、子々孫々のために備蓄できない。備蓄といっても、自分たちが困ったときのためだけであって、子供たちや孫のためではない。

つまり、日本はこの四十年間、一つは金に飽かし、もう一つはただただ自分たちの目の前の生活、目の前の経済活動さえ良ければいいというエネルギーの確保だった。

世界には三大原油マーケットがあって、アメリカのＷＴＩ（ウエスト・テキサス・インターミディエイト）というテキサスの基準原油は、ニューヨークで取引されている。ヨーロッパの北海油田はロンドンで取引されている。

ところがあの中東の、世界最大油田の中東のドバイ原油はどこで取引されているか。この東京で取引されている。それをもって、東京はすばらしい機能を持っていると言うエコノミストがいるが、そんな誇れる話だろうか。

日本がやたら買ってくれるから、東京で取引しているだけである。

戦後日本は金に飽かして、自分たちの生活を担保してきただけで、子供たちや孫のことは考えていない。ホリエモンや村上ファンドが出た、その村上ファンドで不当の利を漁った日銀総裁がいたのは偶然ではなく必然だ。

ただただ自分たちのために、金が儲《もう》かって、金を使えばいいという姿勢を、四十年間続けてきた。その日本国民が、どうしてホリエモンを責めることができるだろうか、村上ファンドをどうして責められるのか。

彼らは自分たち日本国民が産み落とした子供である。

拝金主義はいけないと、古い政治家は言っている。だが、堀江さんや村上さんは彼らが生み出した子供ではないか、孫ではないか。

日中はアリとキリギリス

他方、中国はその四十年の間、日本とは違い、棚上げにするどころか、試掘と採掘をしてきた。

これは明らかに国際ルールに反している。日中政府間協議で棚上げにすると決めたのだから、日中共同声明には書いてなくても、お互いに合意した事項は守らなければならない。中国は明白に国際ルールを破っている。

たしかに中国は不届き者である。その上で言うのだが、中国は自分たちの世代のためにやっているわけではない。

なぜなら、三十年以上も後のエネルギーだからである。

考えてみよう。当時の中国の指導部はみんな五十歳や六十歳以上だった。自分自身のためではなく、子供たちと孫、漢民族の未来のために、彼らなりに彼らのやり方で、ルールに反しているが戦ってきた。

それを今さら、四十年間、中東の油を買っていただけの日本が、日本の領域だから分け前をよこせと言っても聞くわけがない。

中国は四十年以上、自前で苦労してやってきた。それを、日本が共同開発にしろとか共同調査にしろと言っても、フェアな条件では受けられるはずがない。日本は今まで遊んできたではないかと内心ではバカにしている。

まさに、アリとキリギリスの寓話《ぐうわ》を思い出す。

「苦労してきたのは自分たち中国だ。あの海底を探索して、犠牲者も出して開発してきたのは誰なんだ。何を言っているんだ、おまえら」というのが中国の本音である。

しかもそれを担当してきたのは、軍部である人民解放海軍だ。

ところが、日本国はのんきなことに、外務省同士で交渉している。しかし、そもそも相手が当事者ではない。

中国の外交部が東シナ海の資源を触れるわけがない。海域に出てくる船は、基本的に全部、軍の船である。科学研究船にみせかけていても、解放軍の海軍の船である。

わたしは推論を述べているのではない。独立総合研究所の自然科学部の博士、あるいは社会科学部の研究員とともに、海上自衛隊の協力で現場を訪れ、目撃し、撮影して言っている。

しかも人民解放軍は国家の軍ではない。共産党の軍である。

共産党軍に、行政組織の中国外交部が指示などできるはずもない。外務省同士で交渉しても、真の解決は期待できないのは明白である。

これを知れば、日本の外務省は何をやっているのかと日本国民は誰でも思うだろう。いや、「やっているフリ」をせっせと重ねているのだ。

本当に資源はないのか

国連が報告書を出した東シナ海の資源について、実は、「海底油田も海底ガス田も大した埋蔵量じゃない、だから、こんなものは中国に渡してしまえ」という人が、評論家にいる。霞ヶ関官僚や政治家の中にたくさんいる。もちろん、いわゆる親中派が中心である。

しかし、これは驚くべき話である。

日本の教育では、ずっと「日本は資源小国」と教えてきた。たとえば戦前・戦中は、日本は資源小国だから、ＡＢＣＤ包囲陣を突破しなければいけないという趣旨を教えた。戦後になったら今度は、資源小国だから中東には頭を下げましょうという。

戦前も戦後も、資源小国という立場が変わるはずがないと思っている。

しかし、虚心に世界史を振り返って見たら、どのような大きなことも、根こそぎ変わっている。資源という大きな話でも、今まで資源ではないと思っていたものが資源だったり、資源があるはずのないところに資源があったりが繰り返されている。

まず、東シナ海の埋蔵油田、ガス田がたいしたことないという理屈が不思議である。日本は調査をしたことがない。調査したのは中国だけである。

前述したように、実際にわたしは研究員たちを連れて、海上自衛隊機でガス田の上を飛んでみた。確認したのは、櫓の上から出ているフレア、オレンジ色の炎である。間近に見ると、明らかに生産にともなう不純物を燃やしているフレアであった。

つまり、完全に実用段階に入っている。

さらに、パイプラインを設置するための特殊船も確認できた。あるいは、明らかにパイプラインのメインテナンス工事と思われる海上・海中工事も行われていた。

四十年間掘削してきた中国は、パイプラインで沿岸部にすでに供給している。実用に供している。

それなのに、まだ海底を調べたことのない日本の官僚や政治家や評論家が、「どうせ、大した量ではない」と言っている理由がわからない。

そもそも自分で調べていない。調べた側はすでに実用に供しているわけだから、海底油田やガス田が資源として使いものにならないという話には全然ならない。

日本の多くの有力者が言うように「買えるものは、お金を出して買えばいい」ということなら、日本は資源小国から脱却しなくても別にいい、資源小国でも構わないということになる。中国がそんなことぐらいで満足してくれるなら中国の言う通りにしたらい

海上自衛隊P3Cの機上から、天外天のやぐらから噴き出るフレアを確認した。

そして、中国海軍の弾道ミサイル観測船「遠望」をキャッチした。

「遠望」にP3Cで接近する。ミサイル追跡レーダーなどの細部がはっきり見える。日本をターゲットにした弾道ミサイルの発射実験をチベットやウイグルの「自治区」で行い、こうやって追跡確認していると、防衛当局は秘かに分析している。

い、中国の言うことを聞いて、資源小国として日銭を数えて、自分たちの生活を潤していればいいという国家観である。

「青山みたいに、自前の資源を、と言うのは子供じみた考えだ」と陰で言っている有力者たちがたくさん、いらっしゃる。

だが、聞きたい。「あなたがたのどこが大人なのか」と。「あなたがたの言う大人というのは、自分さえよければいいという大人ではないのか」と。

大人は、子供と何が違うか。

自分以外のことを考えられる人間を、大人と言う。当たり前だが、赤ちゃんや幼児は、自分のことしか考えられない。

韓国が東海と呼ぶ理由

中国の本当の意図を考える上で、参考になるのは韓国の態度である。

韓国は、講和条約発効の前にアメリカに竹島を韓国領と認めるよう求めた。

アメリカは一九五一年八月十日付の国務省公文書で「この岩島は朝鮮の一部であったことは決してない。一九〇五年頃から日本の島根県隠岐支庁の管轄下にあり、かつて朝鮮が領土主張をしたとは考えられない」と回答したが、韓国は五二年一月、「李承晩ライン」（立ち入り禁止線）を日本海に引き、竹島周辺で漁をする漁船を銃撃、五人の日本の漁民を殺害した。

韓国は日本海を「東海」と言えと主張している。韓国側の主張はこうだ。

「日本海というのは不公平な名称である。たしかに日本にも面しているが、朝鮮半島にもロシアにも面している。だから、公平な名称にしろ」

これを聞いて、日本国民はおかしいと思わなければいけない。どこがおかしいか。現代の韓国軍にはフェアな精神の持ち主の優れた将軍もいる。たとえば陸軍の金泰榮将軍（当時、のちに国防大臣）のように、海外で学んだひとに多い。そうしたうちの別の一人に、わたしはこう言ったことがある。

「それはおかしい。日本だけに面しているのではないから日本海が不公平な名前ということ自体は、理屈はわかる。皆さんは、公平な名前にしろと言っている。しかし韓国と

韓国のフェアな将軍、金泰榮将軍と共に。

日本だけに面しているわけではない。東海、つまり朝鮮半島からみて東の海と言っているのだから、それも不公平ではないか。もし、公平に主張するなら、中海と言わなければいけない。日本にも、朝鮮半島にも、ロシアにも面している。なぜ中海と言わないのか」

　要するに、韓国は自分の海にしたいわけだ。自分の海にしたくて、東海と呼んでいる。

　それを日本のマスメディアは「韓国側のメンツだ」と書いている。韓国を批判する人までがメンツだと書いている。

　だが、その認識は違う。

　たしかに韓国はメンツにこだわる国だが、メンツだけで、あそこまで国を挙げて工作活動はしない。たとえば、国際水路機関（ＩＨＯ）の役員に賄賂を渡している疑いがあるとされる。メンツだけでそんなことまではしない。

どうして韓国は、日本海を日本のものではなく自分の海にしたいか。海底埋蔵資源の第四の資源が彼らの関心事だからである。

第四の資源とは、何か。

埋蔵資源はもともと、石炭からはじまった。石炭が一番、取り出しやすい。しかも使いやすい。だから石炭だった。

だが、石炭は、特に当時の技術では効率が悪く、真っ黒な煙を出すので、やがて石油に替わった。石油に替わり、石油が枯渇するおそれが出てきた。そこで環境にも、よりやさしい天然ガスに替わった。

こうして、一、二、三と三番目までできたが、一番も二番も三番も、日本にはあまりない。石炭は多少あったが、石油と天然ガスは非常に少ない。ここまでなら確かに日本は「資源小国」である。

「第四の資源」が日本を救う

しかし実は、日本では知られていなかった第四の資源がある。韓国はこの「第四の資源」が日本海にあるから、日本海を「東海」に変えたいのである。

東シナ海についても同様である。中国が最大の関心を持っているのは、今は天然ガスだが、本音はむしろ「第四の資源」だと、たとえばカナダ政府のエネルギー担当者から聞いている。

さて「第四の資源」とは何か。

答えはメタンハイドレートである。メタンという名前のとおり、主成分はメタンガスだ。天然ガスも主成分はメタンガスだ。つまり、同じものである。

同じものだが、天然ガスは、その名前のとおり、気体だ。だから、たとえばインドネシアで取れた天然ガスをわざわざ液化して、液化天然ガス（LNG）、すなわちリキッド（液体）になったナチュラル・ガスにする。液化しないと運べないからLNGにして船に載せて運び、日本で気体に戻して使っている。

その気体になったり、液体になったりするメタンガスが、海底に埋もれている。海の下は水温が低く、しかも圧力がかかるから、メタンガスがハイドレートというシャーベット状になっている。

ハイドレートは、正確には水和物というが、要するに、水と一体になったものである。見た目は氷のような、あるいはシャーベットのように見える。見た目はそうだが、何の加工もないまま、火を近づけるとぼっと、青く強い炎を出して燃える。だから「燃える氷」とも言われている。

この「燃える氷」メタンハイドレートは、それまでの埋蔵資源とはでき方がまったく違っている。

実は、プレートが潜り込むところ、つまり地震の巣のところにある。これは、独立総研の自然科学部長の青山千春博士と東京大学の共同研究などで、わかったことでもある。

メタンハイドレートは、地震の巣のところにあるから、日本列島の周りを全部埋め尽くしているわけだ。

逆に言えば、中東にはほとんどない。中東には地震がないからである。

神様の最後のいたずらかもしれないが、今まで資源があったところにはまったくなくて、今までなかったところに一番ある、というのがメタンハイドレートだ。

しかも燃やしたときに出るCO_2が最も少ない。

既得権益を失うから反対している

ところが、このメタンハイドレートの懸念だけを言う人が大勢いる。

まず「海底、海の中にある。そんなものを取りだしたら地球が変わってしまう」と懸念する。

ならば、今の海底油田はどこから採っているか。文字どおり「海底」からではないか。

中国が開発している天然ガスも海底から採っている。それなのに、なぜメタンハイドレートだけを、実証研究もしないまま非難するのか。

それは、ある人々の既得権益が失われるからである。エネルギーをめぐる既得権益で生きている人々が、それは困ると反発している。

以前から日本の周りにメタンハイドレートがあると言われてきたが、南海トラフ、すなわち四国沖、紀州沖の海にあると言われてきた。そこに旧石油公団が入って、探査し採掘してきた。

南海トラフにあるメタンハイドレートは、海底の中に、泥や砂と埋まっている。そのため、掘るのが大変な上に、せっかく採りだしても泥や砂と混じっており、それらを仕分けるコストがかかる。

このため、「原油価格が一バレル七〇ドルとか八〇ドルにならないとコストが見合わない。それなら原油を買ったほうがいい」という話になっていた。

わたし自身は、たとえ原油のほうが安かろうが、国民国家が自前の資源を確保することが大事だと思うが、民間企業にとって、まずは原油価格よりも安く使えないと商売にならないという事情はわかる。

その南海トラフにあるメタンハイドレート探査に総額五〇〇億円の予算が投入されている。

先述した青山千春博士は、水中音響学の専門家である。魚群探知機を使って、メタンハイドレートが水中に溶け出して、水泡になって、巨大な煙突状になっている状況を発見した。

つまり、その柱を魚群探知機で見つければ、その海底にメタンハイドレートがあるということがわかるようになった。

しかも、その方法で南海トラフではなく日本海側で探査してみると、たとえば上越市沖の近くて浅い海に取り出しやすい形で、すなわち海底の眼にもみえる表面や浅い層にメタンハイドレートがあるとわかった。表層型のメタンハイドレートだ。

掘る必要がない場所もある。表層型のメタンハイドレートからは、その粒々が柱のように海底から立ち上がっているものもある。これをメタンプルームという。前述の「巨大な煙突」である。平均の高さは実にスカイツリー、すなわち六五〇メートルぐらいにも達している。これを、海中採集できる人工膜を設置して待ち構えれば、そのままメタンガスの塊（正確にはハイドレート）が採集できる。これまでの海底ガス田、油田の採掘よりはるかに海底環境に与える影響が小さいと考えられる。これがメタンハイドレートをめぐる、まさしく最新の研究成果だ。

五〇〇億はトライ・アンド・エラーに必要だった

これほど希望に満ちた資源なのに、日本海での新しい探査のためには、国が調査予算として支出したのが、たった一五〇〇万円という年もあり、ゼロの年もある。ある程度の大きさの研究船を一日出すのに油代だけで二〇〇万円以上はかかる。

しかも、その予算を出すなと、既得権益に守られた人々がものすごい圧力をかけてくる。

なぜか。

なにしろ魚群探知機である。巨大な従来の予算に比べれば、ただ同然の額で購入できる機材だ。しかも、超音波を出すだけで、掘らないから、よけいにお金がかからない。

そして日本海のメタンハイドレートは、前述のように掘る必要がない海底に転がっているケースもあり、しかも、砂や泥の混じりが少ない。

この国にはトライ・アンド・エラー（試行錯誤）がない。試しにやってみて失敗することを許さない風潮がある。五〇〇億円をかけた南海トラフは失敗だったのじゃないかと追及されることを心配している人々もいる。そんなことは全くない。当時、原油価格は一バレル一三〇ドルを突破していたし、日本海と南海トラフを併せて開発していけばいいだけのことだ。南海トラフに予算が集中していた当時は、日本海でやる人がいなかった。青山千春博士のメソッドもまだなかった。

問題は、この国の未来だ。多くの国民は日本が資源大国になれることを知らない。知らされないからだ。

ところが、韓国や中国は知っている。現に、青山千春博士らが船を出したら、中国は、中国海軍の船で超音波を出して妨害したりしている。

国際会議でアオヤマメソッド（特許を取得済み）を発表したら、中国をはじめインドもアメリカも、カナダも韓国も、世界中の研究者と政府担当官とメディアが群がる。ところが日本では、まったく報じられもしない。青山千春博士は一度、サンフランシスコの国際会議場から独立総研に電話してきて、口惜し涙にむせんでいたことがある。このひとは日本で初めて女性で船長になった人であり、ふだんは全く涙などみせない。

メタンハイドレートは、今まで資源が乏しかったところにある。インド洋の沖であったり、あるいは日本海や太平洋側も含む日本沿岸だったりする。

第四の資源は、やり方によっては人類の最後の埋蔵資源になる。簡単に発見できて、しかも純度が高い。

だから世界中が注目している。

かくて日本は資源大国に生まれ変わる

なのに、日本だけが、無関心を装っている。本当は無関心ではないのだが、事実を国民に知れないように、国会に知れないように、内閣総理大臣に知れないように蓋をしている人々がいるというのが現状である。ごく一部の人々なのだが、既得権益と結びついているからその動きは執拗《しつよう》で巧妙である。むしろ民間にいる。

中国に話を戻せば、「どうせ東シナ海の資源なんか、たいしたことないから中国にあげよう」というのは、まず、何でも金で解決すればいいというレベルの話に過ぎない。日本を資源小国から資源大国にしようという戦略的な転換が、まったくできない証拠である。

しかも、実は中国に媚《こ》びている。

なおかつ「第四の資源」があるという基本的な事実まで知らない。知っている人でも、「メタンハイドレートを触ったら、地球環境が変わる」などと、自分自身で検証もせずに鵜呑《うの》みにしたふりをしている。

それが、東シナ海の現実である。

中国名・春暁、日本名・白樺。そこで、いまフレアを出している油田の問題だけではない。東シナ海をどうするかは、将来、日本が資源大国になる可能性、わたしたち日本国民の将来の希望に繋《つな》がる。いや、メタンハイドレートは、われらが生きているこの五年、十年の間に、日本が資源大国になる巨大な可能性をしっかりと秘めている。

だからこそ、大切な環境に与える影響もきちんと研究し、環境学の進歩を踏まえつつ事前の防備もし、その上で、メタンハイドレートを生かすべきだ。

そうできたら、日本が子々孫々のために資源大国に変わることになる。

第五の章　軍事なき外交は無力である

これが中国原潜事件の真相だ

もちろん、日本の資源をストローでチューチュー吸っているような中国の資源採掘は断固として許すわけにいかない。ここで日本は自らかえりみるべきはかえりみて、当然の権利を主張しなければならない。

実は小泉政権のときに、当時の中川昭一経産大臣が、史上初めて、たった二隻だが、調査船を出した。外国企業への委託の形式だったが、とにかく調査船を出した。

これは画期的なことである。中川昭一という政治家は勇気があるがその上に、小泉純一郎という中国に物申す内閣総理大臣がいたことも大きかった。だから、その下の中川昭一経産大臣は調査船二隻を出すことができた。

調査船二隻を出したのは二〇〇四年の夏。するとその年の秋に、中国海軍の原潜が突然、尖閣諸島の領海を侵すという事件が起きた。

当時は小泉政権だから、もちろん抗議した。そうしたら中国は、「故意ではない、計器の故障だ」と釈明した。

だが、中国側の説明を信じている海軍関係者は世界に誰もいない。海上自衛隊はもちろんのこと、イギリス海軍、フランス海軍、そしてアメリカ海軍、誰もそんなことは信じていない。どうしてか。

あの潜水艦がどう行動したか。

アメリカはもちろん、実はフランスもキャッチしていた。あの潜水艦はまず真っ直ぐ南下して、グアム島の近海を回ってみせた。つまりアメリカ軍の領域であるグアム島に姿を見せ、その後に中国方面に戻っていった。非常に浅く、海域が複雑な尖閣諸島の近海を潜行して、しかも、日本側が主張している国境線をきれいになぞって航行しながら、途中でポコっと姿を現して、また潜っていった。

すなわち、ミスをしたのではなく、中国海軍がどれだけ潜水艦の技術が向上したかを見せつけたのである。

グアムの沖で、尖閣諸島で見せたということは「中国はエネルギーの本格的な争いに加わる。もう黙っていない。われわれは海空軍の現代化も急いでいる。今までと違って宣言だけではなく、海軍力を行使することもある」という姿勢を初めて見せたのが真実だった。

江沢民が「反日」となった理由

当時、小泉政権は、中国の説明を「諒」として受けてしまったから、国民には真相は全然わからなかった。

しかし、小泉政権は一方で臆することなく、逆に日米同盟の強化に努めた。すなわち中国に対して「本気で海軍力を前面に出してくるなら、日米の海軍力は合同して動く。そうしたら中国は木っ端微塵《みじん》である。相手にならないだろう」と暗黙のうちに主張した。

小泉内閣はさらに、その意思をはっきりさせるために、国連の常任理事国にいわば立候補した。背後で当時の高村正彦・元外相（その後に再び外相に就任）らが秘かに動いて、この立候補となった。高村さんはふつう「親中派」とされるが、本人は「親中派でも親台派でもなく日本派だ」と語っている。ほんとうにそうかどうかは国民に問われねばならない。もしも実際に日本の外交畑に「日本派」がいるなら、それは日本の希望に繋《つな》がるが、中国系日本派であるなら逆に絶望に繋がる。

さて、小泉さんは立候補したあとアメリカと連携して工作した。アメリカは冷たいと言う識者が少なくないが、あれでも、アメリカとしては連携している方である。

中国は、小泉政権の海洋資源調査の開始と、それからアジアで唯一国連の安保理の常任理事国でいる地位を脅かす、この二点がどうしても許せなかった。

しかし、中国が潜水艦を出したとき、まず海上自衛隊とアメリカ海軍の連携が完璧だった。本当は、中国海軍の行動は見せるためだけではなく、いざ中国海軍が動いたときに、海上自衛隊と米海軍がどう動くかを探るためでもあった。

そして、アメリカ海軍と海上自衛隊の連携は中国軍の予想を上回った。

そこで、中国の指導部は冷静な判断をした。当時の胡錦濤政権は江沢民時代のような「反日」で頭が熱くなっている政権ではなかった。

ちなみに、江沢民の実の父は、日本軍の特務機関員、つまりスパイだったという重大な説がある。ヒトラーが本当はユダヤの血が混じっているからユダヤ人を虐殺したと言われるように、江沢民さんはだから「反日」になるのかもしれない。胡錦濤主席には、そんな事情はなかった。

ないから、胡錦濤主席は実に冷静だった。「微笑外交」で実を取るわけである。

胡錦濤主席は潜水艦を動かしてみて、「東シナ海で海軍力を展開するのは難しい、日米の連携には、あと数年は敵わない」という判断をしたという。そこで、江沢民時代から養ってきた、とっておきの武器を、次は試しに使ってみた。

それが、二〇〇五年四月の反日暴動である。

反日暴動の際、中国首相は何をしていたか

二〇〇五年四月の反日暴動は、中国共産党中央宣伝部が仕掛けた工作である。もちろん、胡錦濤・国家主席だけでなく、温家宝首相（当時）も承知の上だ。

北京でどういう混乱が起きるかわからない状況だったのに、温家宝首相は北京にいなかった。北京どころか中国にもいなかった。どこにいたか。

実は、インドにいた。本書で先に、中国はインドと戦ってシッキムを奪ったと述べた。ところが温家宝首相はインドのニューデリーで、当時のマンモハン・シン首相と会談して、「シッキムを返す」と言った。二〇〇五年四月の中印首脳会談でそう合意したのである。

中国が三年間、血を流して奪い取ったシッキムである。インドの頭を押さえるはずのシッキムを返した。

その後、中国はロシアとも和解して、ウスリー川の領土問題も解決させた。さらにベトナムとも関係改善した。

この動きを日本の主要メディアは、「中国は平和外交に転じた」と書いた。

それを見たアメリカ、イギリス、フランス、ドイツ、こういう国々の戦略家たちは、みんな椅子から転げ落ちて驚いた。日本はどこまでのんきな国なのかと。

これは、戦略の世界で「いろはのい」である。一番の強敵がいるところ、今まで避けていたところに行こうとするなら、必ず頭の後ろ、足の下、頭の上はきれいにしておかなければいけない。「後顧の憂いを断つ」という言葉のとおりである。

後ろにインドという難敵を抱えたまま、前のアメリカ、日米同盟と対抗できるわけがない。

そもそも中国は『三国志』の国である。昔から戦略には長けている。シッキムを与えてまで後ろをきれいにした。インドという難敵を黙らせた。それからロシアとも和解した。偉そうなプーチンとも和解し、ややこしいベトナム人とも和解した。ということは、どういうことか。

日本は当然、気がつかなければいけない。ああ、本当に本気で東に来るのだと。しかも中国は、アメリカ軍の世界再編とは、「主力が米本土に帰ることだ」と見抜いている。

不思議な国の不思議な米軍

アメリカは建国二百四十年のあいだ、一回も本土を攻撃されたことがなかった。アメリカはあれだけ戦争ばかりしているのに、建国以来一回も本土を攻撃されたことがなかった。

唯一、大日本帝国海軍の潜水艦が一九四二年九月にサンフランシスコ沖まで行って、小さな竹とんぼみたいな飛行機を飛ばして、森を爆撃したことがあったが、実害はなかった。山火事が起きただけ。それが二〇〇一年九月十一日の「9・11同時多発テロ」で、初めてアメリカ本土を攻撃され、数千人の米国人が死んだ。

アメリカはそれ以降、国柄がガラっと変わって、初めて本土を守ることを本気で考えるようになった。

もともとアメリカ軍というのは、言わば異常な軍隊である。何しろ本土にいない、基本的に外に出ている。

たとえばアメリカ中央軍である。アメリカ中央軍というから、わたしも大学生のころは、当然アメリカの真ん中にいるのだと思っていた。だが、そうではない。アメリカ中央軍は中東を担任している。今イラクに行っている部隊（当時）はアメリカ中央軍の指揮下、正確には隷下にある。

では本土は、誰が守っているのか。

州兵が守っている。ふだんは牧師だったり商店主だったりする州兵である。連邦軍は全部外へ出ていって、外で戦う軍隊である。ただし領土は増やさない。そういう非常に不思議な国の軍隊なのだ。

それがテロで普通の国に戻った。テロという手段を用いれば、本土もやられるのだと身に染みて悟った。

日本国民と違い、中国はその事情を見抜いた。つまり、アジアからアメリカ軍は基本的に退いていくと見抜いた。

事実、朝鮮半島では、どんどん退いている。アメリカは韓国を信用していない。他方、日本のことは信用している。アメリカ軍の将軍がこう語ってくれたことがある。

「青山さん、世界中にアメリカ軍は基地があるけれども、朝八時半に従業員が全員来る基地は日本だけです。つまり遅刻がない。それは日本だけです。五時半に帰ったあと、備品が一個もなくならない基地も日本だけです」

日本国民にとっては当然の話だが、世界を相手にしているアメリカ人は驚く。本当に大事なことは、日本の基地で整備したアメリカ軍の飛行機は落ちないことだ。米本土も含めて、日本以外で整備した飛行機はよく落ちる。

ところが、日本で整備したものは落ちない。アメリカ軍の人に「スペースシャトルも本当は日本が作って、日本が打ち上げていたら、爆発なんかしない」と言ったら、「そのとおり」と、あっさり答えた。日本ならネジの一本まで同じように作れる。

先日、東大阪市のネジ屋さんの社長にこの話をしたら「そのとおりです」と胸を張っておっしゃった。それくらい日本の技術は優秀である。

守られなかった中国共産党の指示

話を中国に戻そう。

先述したとおり、アメリカ軍が世界的な再編にともない、少なくとも当面、嘉手納や三沢に部隊を置きながらも、全体としてはアジアから退いていくという情勢を見ている。だから、中国は東側に出ようとしている。「中国が平和外交に転じた」などという事実はまったくない。

事実は逆であり、「こちら側（東側）に出てくる準備である。なぜ、そう日本は思わないのか、どういう国なんだ日本は」というのが実は同盟国アメリカの実感でもある。

中国はとりあえず反日暴動をやってみた。反日暴動をやってみた中国共産党が一番ショックを受けたのは、共産党の指示どおりに群衆が動かなかったことだ。

中国共産党の指示は、「日本企業は襲うな。日本の大使館と領事館だけ、つまり役人だけにしておけ」だった。これはよくわかる。

もし日本企業が嫌がって中国から出ていったら、中国はあっという間に雇用不安となる。日本企業のおかげで中国の労働力は相当、吸収されている。日本企業が撤退したら、また解放軍で雇わなければならない。

中国で海空軍の現代化が遅れたのはなぜか。

一つの理由は、職がないから、みんな陸軍で鉄砲を持たせた。専門知識がなくても兵隊にしなければならない。彼らの給料を払わなければならない。だから、空海軍の専門技術を持っている人は育てられなかった。

その二の舞は御免である。だから、日本企業は襲うな、それが指示だった。

ところが、若い男性を中心に、日本企業の看板や門に投石する乱暴が相次いだ。犯人を捕まえてみたら、誰だかわからない。

なんと戸籍がない。なぜないのか。

中国は西暦二〇一五年秋まで一人っ子政策を採っていた。この政策は都市部では大歓迎されたが、農村部に一歩行くと、実態がわかる。

中国は農村の近代化をほとんどやっていない。だから、子供一人では農家の維持はできない。

もしみなさんが上海に遊びに行ったら、タクシーをチャーターして、二時間でいいから農村に行って、庭先に立ってほしい。農家の庭先に子供が一人なんて家はない。わたしが見た限りで言えば、もっとも多いときは十人の子供が走り回っていた。それぐらいはいないと農業はできない。子供一人では、畑を耕すのはもちろん、豚の世話だってできない。

ところが、そういう地区にも全部、地区の共産党委員会があり、共産党の書記がいて、それが中央に報告を上げるときには「はい、子供一人です」と報告を上げたい。「一人っ子政策」のもとで「ここの農家は六人、ここの農家は十人」と報告したら、自分のクビが飛ぶ。

だから、一人分しか報告を上げない。

「一人っ子政策」の落とし穴

戸籍に入れられる子供は原則、一人だけだ。あとは生まれていないことにされることがある。

つまり国家の保護は何も受けられない。親が名前をつけても、国には登録されない。農家では例外として一人目が女の場合、二人目が認められる建前だが、地区の共産党幹部が実は認めないことも多く、二人目以降は書類上、隠されることがある。農家も、一人っ子でないと宅地配分などで優遇が受けられないから、隠す。こうして隠された中国国民が農村に増えていく。

しかも、まだ農家が繁栄していたころはよかったが、最近は苦しい。苦しいから、どうするか。みんな都市に出ていく。みんな都市に来て、一番行きたいのは、どこか。実は日本企業である。反日教育を受けてはいても、実は日本企業が一番働きやすくて、給料もいいということをみんな知っている。だから日本企業に行く。

しかし、日本企業は受け入れられない。

戸籍もない、どこの馬の骨ともわからない人間を受け入れられない。彼らには身分を証明するものがない。あっても偽物である。親元に問い合わせても親は知らないという。だから、日本企業に就職できない。

こうして日本企業に恨みを持つ青年がいっぱい出てくる。

大半の青年は、日本が悪いというよりも、本当は共産党が悪いということを知っている。なにしろ、自分たちは生まれたときから生まれたことになっていないわけだから。だからあえて、中国共産党に抗議するために投石した。いわば、日本企業に対する抗議は見せかけに過ぎなかった。

中国共産党が恐れたのは、彼らが全体で何人なのか、わからない。記録がないのだから。大勢いることはわかっているが、どれだけいるのか、組織があるのかないのか、摑《つか》めない。そこに法輪功が食い込んでいる事実もあって、どう対処したらいいのか、わからない。

だから、片っぱしから捕まえて殺したという説まである。アメリカは三〇〇〇人から四〇〇〇人以上ではないかとの感触を持っている。真偽は不明だが、そのせいか反日暴動は、当局が押さえに出るといっぺんに鎮まった。

外務省ではなく官邸が協議を

中国はここから、ちゃんと学んだ。江沢民時代に反日教育をやって築いた反日青年も、実は使えない。

さて、どうするか。バッと方向を変えて、微笑外交に転じた。

もっとも、たとえば日本の新幹線を輸入しておきながら、国産の新幹線と称している。真っ赤なウソをついている。

あるいは、あらかじめ日本の外務省に見せた温家宝首相の国会演説原稿には、日本の戦後の歩みの評価が書いてあったのに、平然と読み飛ばした。後で「ちょっとしたミスだ」と釈明する。潜水艦の事例と同じである。

それをまた外務省は鵜呑《うの》みにする。国会議員も「人間、間違いはある」と理解を示す。それが今の姿である。だとすると、日本はまずどうしなければならないか。もちろん、中国と戦争をしましょうという馬鹿な話をしているのではない。

まず、尖閣諸島のガス田協議を、外務省同士だけでやっても意味がない。安倍さんは実は、そういう意味も込めて防衛庁を防衛省にしたのだが、できたばかりの防衛省で中国の軍部と協議などできるわけがない。

防衛省はいままで外交をやるという習慣がなかった。だから、本当は官邸がやらなければいけない。

当面、日中戦争が起きない理由

たとえば、ガス田協議のあり方を変える。常に首脳レベルでやる。せっかく首脳交流が復活したのだから、先般の温家宝首相と安倍首相（第一次）との話し合いでも、実は事務方に任せたといったことをやめる。事務方と言っても、向こうは何の権限も持っていない人たちである。

同時に、日本は必ず調査船を出して、やぐらを立てて、もし偶発的な武力衝突があっても仕方ありませんとはっきり言う。

間違っても戦争にはならない。どうしてか。

中国海軍は本気で出ていったら、木っ端微塵にやられる。彼らは、絶対に負ける戦争はしない。もし武力衝突になったら、アメリカ海軍が指をくわえて見ていることはない。

いくら中国のマーケットが大きかろうが、アメリカは軍事国家である。日中が偶発的に衝突しただけならまだしも、中国が組織的に軍事的に出てきたら、アメリカは介入する。

万が一、アメリカが出てこなくても、中国海軍の現状からすると、海上自衛隊に勝てる確実な保証はまだない。

だから、日本がやぐらを立てて調査をしても、仮に武力衝突ないし小ぜりあいがあったとしても戦争にはならない。

しかし他方、些細《ささい》な武力衝突も回避するという「平和国家」でいるかぎり、日本は何もできない。竹島についても、北方領土についても何もできない。

中国が一番恐れていることは、とにかく日本が目を覚ますことである。

中国だけではない。北朝鮮も韓国もロシアも、みんな日本が目を覚ますことを恐れている。目を覚ますというのは、以下のようなことだ。

日本は自らのオリジナルな民主主義の歴史を裏切ってナチと連携をしてしまった。東京裁判が正しかったのではない。しかし負けたら、あのような裁判になるのは、予想していなければならない。それがいやなら最初から戦うな、と言わざるを得ない。

日本は最初から負けていた

たとえば、靖國神社の遊就館は「あの戦争はやむを得ない防衛戦争だった」と主張している。「ＡＢＣＤ包囲陣をやられたから戦争になったのはやむを得ない」とも主張している。

しかし、ちょっと待ってほしい。ＡＢＣＤ包囲陣になったこと自体が負けなのだ。外交戦争、外交力で負けたから、ＡＢＣＤ包囲陣になったのではないだろうか。

「Ａ」つまりアメリカであれ、「Ｂ」のブリテンであれ、取り込むことが本当はできた。現に、大正デモクラシーのときはアメリカと連携しようという気運はあった。

ところが、昭和天皇のご意思に反して、ドイツやイタリア、すなわち負けるに決まっている戦争に突っ込むような愚かなファシズムと組んだから、ＡＢＣＤ包囲陣をやられたわけである。最初から外交で負けていた。

これから日本が目を覚まして、戦争をやろうといっているのではない。そうではなく、外交をやろうと言っている。

ただ、外交をやるときには、必ず軍事力の裏打ちがないと本物の外交にはならない。戦争をやるという意味ではない。あまりにも不埒《ふらち》な姿勢だったら、軍事力が出ますよという意味だ。それは人間の現実でもある。

人間は進歩して、侵略戦争は中国以外はやらなくなった。しかし、軍事力がまったく不要で、話し合いで物事を全部解決する世界には到っていない。だから軍事力をバックにする。

軍事なき外交は無力

軍事力をバックにする外交が、まったく間違ってないのは、日本国民が大好きな国連の憲章を見れば分かる。いったい国連のどこが平和主義なのか。

国連憲章のもっとも大事な部分は、国際連合の前の国際連盟がなぜ崩壊したか、である。

第一次世界大戦が終わった後、国際連盟ができたのに、なぜその後、第二次世界大戦になったか。

アメリカが加盟しなかったからではない。そうではなく、国際連盟は「全会一致の話し合いで何でも解決しよう」と言っていたから、あっという間に戦争になった。それを反省したから、国際連合は国連憲章で、軍事力を担保した。紛争があったら、そこに軍

スウェーデン政府の盟友、スティッグと、政府機関の北欧らしい美しい緑の中庭で。

ドイツ政府の盟友、フェフナー博士と、9.11同時多発テロの分析室で。

イラク南部で、わたしの車の検問に現れた民兵と握手。恐い顔の彼に「写真を撮ろう」と言うと、急にカラシニコフ銃を肩から降ろして破顔一笑した。

米大統領候補（当時）のクラーク元NATO（北大西洋条約機構）軍・最高司令官と議論する。

米国防総省のクラッド国防次官補代理（インドなど南アジア担当、当時）と協議する。

ヨルダンの首都アンマンにて。

事力を送って、戦って止めると書いた。

国連憲章には「すべて加盟国は空軍に余裕を持て」と書いてある。世界中どこでも兵隊を送って爆撃できるように、空軍に余裕を持てと書いてある。

小泉元首相が「日本も常任理事国になりたい」と言ったのはいいが、航空自衛隊が戦闘任務では絶対に、永久に外に飛んでいけませんという国で、どうやって国連憲章を実現するのか。

国連憲章の平和主義は、軍事力をバックにした平和主義である。だから本物なのだ。いざとなって、強盗がいても泥棒がいても、警官は銃を使えません、棍棒《こんぼう》も使えませんでは、どうやって守るんでしょうか、ということでもある。

本物の外交は軍事力をバックにした外交である。それは国連憲章とまったく同じ精神だ。

平和をつくる外交とは軍事力抜きの外交だと考えるのは、「憲法を一字も変えないことが護憲だ」と主張する人々の間違いと同じである。

憲法が掲げているのは国民主権や平和主義だ。それを守るために九条は有効なのか無効なのか。たとえば侵略があったとき、何もしないというのは憲法の平和主義を守っていることになるのか。主権者たる国民を守っているのか。その話をしましょうということである。

日本国民が目を覚ますということは、戦争をするためではなく、外交をするためだ。中国に限らず、ロシア、あるいは韓国や北朝鮮と「本物の外交」をおこなうときも同じことである。

「北方領土」と呼ぶから間違える

たとえば、「北方領土」という言葉は、ほんとうに正しいのか。

わたしも学生時代には、ずっと「北方領土」というから、遠いのだろうと思っていた。加藤登紀子さんの大ヒット曲、『知床旅情』で「しれーとこーのみさきにぃ　はまなすのさくころ～」と歌っているが、その詞の中に「はるか、くなしりに」という歌詞がある。「はるか」、ああ、北方領土、国後島は遠いんだなあと誤解していた。

ところが実際に行ってみると、すぐそこにある。知床半島と根室半島の間の湾の中に食い込むように国後島はある。「北方領土」というが、全然「北方」じゃない。北海道の一部である。淡路島と変わらない。湾の中に入っている。

それを「北方」というから、何か遠い北にソ連が来たのもやむをえない、みたいな国民の印象になっている。

それは全然違う。しかも、日本は一九四五年八月十五日に全面降伏をした。したがって、八月下旬にソ連が湾内に入ってきたことは完全な不法行為であって、国際法上、戦争ではなく強盗、強姦《ごうかん》、殺人、略奪である。

日本国民が普通の主権国家として目を覚ませば、はるか北方の遠い領土ではなく身近な領土であることを国民が知ることにつながり、それが交渉のあり方を変えるだろう。

国際司法裁判所が機能しない理由

竹島にしても、李承晩ラインを見直すところからはじめなければならない。時間が経っているから全部解決するのはむずかしいというなら、国際司法裁判所に持っていかなければいけない。

国際司法裁判所はいま当事国同士が合意しないと裁判できないことになっている。そこをこそ、変えなければいけない。現在の仕組みを、日本が動かない言い訳にしていてはいけない。

北方領土の占領はこのように不当だ、竹島の占領はこういうふうに不当だ、尖閣諸島の領有宣言はこのように不当だ。すべて立証できる。裁判がはじまったら、ロシア、韓国、中国が必ず負ける。だが、当事国の同意がないと裁判ができないというのでは、いつまでも裁判ははじまらない。

だから国際司法裁判所のあり方を変えて、当事国の同意がなくても、たとえば国連の一定の支持があったり、当事国以外の客観的な審査で認められれば、裁判できるようにしようと訴えなければいけない。

ところが、それを外務省でも誰もやっていない。

「もし、国際司法裁判所でまともな裁きができないのなら、日本は残念ながら竹島に海自部隊も派遣しなければならない、北方領土も日本の領土なのだから、警察官と自衛官も駐在しなければならない。しかし、行く前に国連に相談します。国際法に反する恐れがありますか。あるのならば、やはり国際司法裁判所で」と主張する。それが軍事力をバックにした外交である。

むしろ戦争にならないように軍事力を使った外交をやる。

文字通り、国民のための自衛隊

いまだに自衛隊は戦争をするためにあると思っている人がいる。

それは違う。旧軍は戦争をするためにあった。だから、しなくてもいい戦争をした。しなくてもいい真珠湾攻撃をした。

山本五十六・連合艦隊司令長官は素晴らしい将軍だった、戦争はしたくなかった。だが、とにかく戦争をやれと言われたので、ワン・ショットだけやろうかと真珠湾を奇襲した。それをアメリカは待っていた。

もし日本がアメリカの領土を叩《たた》かなければ、アメリカは参戦しなかった。ヨーロッパ戦線もなかった。チャーチルとヒトラーの戦いはあったが、合州国とドイツの戦いはなかった。当然、ヨーロッパはドイツのものになった。太平洋では戦争をしていなかった。旧軍は戦争するためにあった。そういう意味で間違っていた。だいたい昭和天皇の意思に反している。

それが今は国民の自衛隊になった。国民の自衛隊がなぜ戦争をするのか。戦争をしないために自衛隊がある。それがまったく理解されていない。

二〇〇一年九月十一日の同時多発テロがあったとき、日本の国会議事堂や首相官邸や皇居、それから原子力発電所を自衛隊が守ろうかという話になったとき、時の官房長官が、「自衛隊は国民に銃を向けるのか」と言った。

事実として間違っている。だいたい事実認識として、日本国民が原発や皇居に攻めてくるわけがない。銃を向けるのは外国のテロリストに対してである。

自衛隊は世界の基準からは「軍隊」と言えない奇妙な存在ではある。だが、とにかく初めて国民主権下で整備してきた防衛力だ、ということがわかっていたら、自衛隊を展開することが国民に銃を向けることにならないことは、わかりきった話ではないか。

日本のベテラン政治家たちは、実は自分たちは戦後、民主主義をやってきたという意識がない。アメリカの言うとおりやってきただけで、自分たちで民主主義をやってきたという意識がない。

「安倍や中川昭一の世代が戦争を知らないから危ない」と言うが、あなたたちこそ「自分たちは民主主義をやってきた」という意識がない。

わたしたちは自分自身で、矛盾を抱え込みながらも、とにかくこのオリジナルな民主主義を作ってきた。だから、自分たちの責任で、この民主主義の歪《ひず》みを、まともな国際法どおりの国家にしたい。そのどこが右翼なのか、どこがタカ派なのか。

日本国民が目を覚まし、歴史をちゃんと自分の目で見直す。地政学を使う。

その二つを合わせて、日本がたとえば中国と同じような中長期的な視点を持てば、たとえ中国と日本の人口が一四対一であろうが、日本の技術力の高さとモラルの高さを持っていれば、中国とフェアに対等に話をできる国になる。子々孫々の代に至っても、わが国が中国の一部になることはない。

国民保護法を考える

自衛隊は、旧軍（帝国陸軍、帝国海軍）が他国を侵略して国を誤った反省に基づき創建された軍事組織である。すなわち、他国をもはや侵略することなく、まさしく「国土と国民を保護する」ことに特化した軍事組織であるはずだ。

その自衛隊が創立されて五十年も過ぎてから初めて、「国民保護法」が制定されるとは、いったいどういうことなのか。

有事（戦争）や重大テロリズムに対する日本の備えがどうなっているか。今後わたしたち日本国民がどうすべきかを考えるためには、自衛隊の本質を問い直すことが、実はどうしても必要である。

そして、それは「自衛隊は軍隊なのか、軍隊ではないのか」をまず問うことでもある。

自衛隊は、その戦力だけからみれば、むしろ世界最強に近いレベルの軍隊だ。その事実をもっとも知らないのは皮肉にも、年間五兆円の税金で自衛隊を養う日本国民である。

たとえば中国、韓国は、ほんとうはかねてから自衛隊の実力を怖れてきた。わたしは二十年以上前から、中韓を訪ねるたびに、政府当局者、軍当局者の言動のはしばしに、それを実感してきた。

一例を挙げよう。

中国人民解放軍の大物にしてフェアな退役将軍は「自衛隊などまったく怖くない。日本の軍事力などもう一切、怖くない。原子力発電所をあれだけ若狭湾に集中立地し、東京、大阪など大都市への人口集中も激しい。そこへ弾道ミサイルを撃ち込むだけのことだ。何も自衛隊と戦う必要はないんだ。だから怖くない」と、わたしに繰り返し強調した。

この退役将軍は、率直で公平なものの見方をする人である。わたしは「あぁ、自衛隊ともしも戦うと中国軍の欠点と弱さが暴露されてしまうという事実をも客観的に分かっているよと、こういう形で表現しているのだろうな」と感じた。

この席には、おそらくは監視が任務のひとびとも同席していた。その耳目に配慮せねばならないこともあって、こうした表現になっている。

日本が原発や都市に、国民と国家を護るうえで大きな課題を抱えていることも事実だ。

退役将軍はそれを指摘したうえで、あえていくらか乱暴な表現をしてみせて、強大な自衛隊への懸念をわたしに伝えたのである。

日本国民の知らない自衛隊の戦力

日本国民の知らない自衛隊の戦力、その基本的なところを、国民保護のあり方を考えるために、すこし検証してみよう。

まず、いわゆる正面装備（戦闘の最前線に立つ主力武器）については、「通常兵器による防衛能力」としてはアジア最強だ。

中国軍は、核兵器を持ち、他国を侵略する攻撃能力を持っている。自衛隊は、いずれも持たない。そこでまず、比較のできる「通常兵器による防衛能力」に限って比べてみると、日本国民が「中国軍の方がはるかに強い、大きいだろう」と少なからぬ人が思い込んでいるのとは違い、自衛隊の方がずっと強い。

たとえば海である。

嵐の海を浮上航行する海自の潜水艦（わたしの盟友の庄野徹氏による撮影）。

「原子力潜水艦を持つ中国海軍が、ディーゼル蓄電池による通常潜水艦しか持たない海上自衛隊より強いに決まっている」、そう考えている人は多い。

だが潜水艦は、原潜だろうが通常型だろうが見つかれば、棺桶になる。

わたしは初めて中国の軍関係者と北京で議論したとき、「あなたがたの原潜は、鐘や銅鑼《どら》を鳴らしながら潜っているのと同じだ」と指摘した。

中国の原潜はスクリュー音、水切り音、動力音、いずれも大きく、日本の海上自衛隊の優れた哨戒機P3Cがほぼ常に居場所を把握している。わたしはその事実を示して、中国が海軍力によって尖閣諸島をはじめ日本の領土・領海を含む東シナ海に海洋権益を貪欲に求めていることを、客観的な立場で牽制《けんせい》したのである。

その言葉が回りまわったのかどうかは分からないが、今や、アメリカなどの軍事資料に出てくるから、いささか驚く。

現在では実際は、カネやドラを鳴らしながら潜っているに等しいと言うのは、もはやすこし無理がある。中国海軍の潜水艦は、ずいぶんと静粛性を改善した。

それでもなお、自衛隊の潜水艦と比べるなら、自衛隊のそれはスクリュー音、水切り音、動力音のいずれも世界でもっとも小さく静粛性が群を抜いているから、大きな開きがある。

潜水艦を追う、空からの哨戒能力も、前述した海上自衛隊のＰ３Ｃ哨戒機を、中国海軍の対潜哨戒機と比べると、「大人と子供ぐらいの差がある。いざ有事となったとき、日本の哨戒機が中国の潜水艦の全てをキャッチしてなお、中国の哨戒機は一隻の日本の潜水艦も見つけられないこともあり得る」（アメリカ海軍の関係者）。

さらに海上自衛隊は、イージス艦を進水から日が浅い艦を含めれば八隻、保有している。これはハイテク満載のミサイル巡洋艦だ。

イージスとは、ギリシア神話の「破れざる盾」のことを指している。死角のない超高性能レーダー（フェイズドアレイ・レーダー）を備え、航空機や巡航ミサイルを正確に撃ち落とす電子迎撃ミサイル・システムを身に付けている。

中国海軍の水上艦は総力を挙げても、このたった八隻に対抗できる保証はない。

自衛隊は中国には負けない

また、こうしたハイテク装備を自衛官は良く使いこなし、将兵の錬度の高さからしても優位に立っている。イージス艦「あたご」の無惨な漁船衝突事故のあとも、諸国の国防当局は海自が中国海軍より練度で劣るとは、客観的にみていない。

つまりは水中、水上ともに中国海軍が現時点では海上自衛隊を撃破することは中国自身も確信できないだろう。

同じことは空にも言える。Ｆ35、Ｆ15、Ｆ２の各戦闘機をはじめとする航空自衛隊のハイテク戦闘能力を考えれば、中国空軍が、航空自衛隊の防空網を破ることは簡単ではない。

陸軍はどうか。

陸上自衛隊は、時速七〇キロで不整地を疾駆しつつ戦車砲を正確に当てることも可能なハイテク戦車（九〇式戦車）、さらにその上をいく統合能力を持ちながらコンパクトになった一〇式戦車を持つが、なにせ中国陸軍は一六〇万人もの兵を養っている。陸上自衛隊は、最大でも（つまり志願者が定数をきちんと満たしても）十六万人ほどしかいない。

だから陸軍だけは、まともに戦えば、中国陸軍が陸上自衛隊を押し潰してしまうことはあり得る。

だが、中国の陸兵は東シナ海や日本海を自ら泳いで日本の国土へ押し寄せることは、当然ながらできない。空海軍の運搬能力に頼るしかないが、その空海軍は間違いなく航空自衛隊、海上自衛隊に撃破されてしまう。だから、つまりは中国陸軍は陸上自衛隊と相まみえることすらできない。

陸兵が一六〇万いようが、一六〇〇万いようが同じことだ。

したがって総合すると、核戦力を除き、さらに通常戦力のうち他国を侵略し攻撃する能力（軍事用語ではパワー・プロジェクションと呼ぶ）も除いて、自国を防衛する通常戦力に限っての話ではあるが、自衛隊の戦力は、あくまで二〇一九年の現時点では、アジアでは最強レベルである。

しかし、それでもなお自衛隊は軍隊ではない。これほどの「戦力」があってなお、自衛隊は決して軍隊ではない。

なぜか。軍隊が軍隊であるためには、どうしても必要不可欠な、あるものを欠いているからだ。

軍隊が軍隊である条件

それは軍事法廷ないし軍法会議である。

わたしたちの市民社会では、たとえばわたしが仮に誰かに自動車を焼かれたとする。その犯人を見つけ、相手の自動車ではなく自転車を蹴飛ばして壊しただけでも、わたしは器物損壊罪に問われる。仮に、家族にきわめて重大な危害を加えられても、その犯人を見つけて殴りつけ小さな怪我《けが》を負わせれば、傷害罪に問われる。

それが市民社会の永遠のルールである。

だが主権国家と主権国家のあいだでは、日本国の財産が壊されそうになっただけで、相手国の財産、すなわち弾道ミサイル、爆撃機、戦闘機、戦車、潜水艦、駆逐艦といった財産を破壊することがあり得るし、国際法で認められている。

日本国民の生命が脅かされるだけで、相手国の国民の生命、すなわち将兵を殺傷せざるを得ないこともあり得る。これも国際法で認められている。

すなわち、軍隊が軍隊であるためには、市民社会とは違うルールが厳然と存在することを、市民、国民、すなわち主権者にフェアに明示せねばならない。そのためにあるのが、民主主義国家における軍法会議だ。

日本も、戦前の帝国陸軍、帝国海軍には当然ながらこの軍法会議があった。しかしそれは、主権者に違うルールの存在をありのままに示すのとはちょうど逆に、軍部にとって都合の悪いことを主権者の目から覆い隠すために存在した。

その帝国陸海軍が、アメリカをはじめとする連合国に敗れたあと、わたしたちはどうしたか。どうやってきたか。

民主主義に基づく軍法会議を持つ、国民主権下の新軍を創建するのではなく、軍法会議なき奇妙な戦力を創ったのである。

このような軍事力は、世界のどこを探しても、日本以外には存在しない。

その結果、実に不可思議な現状になっている。

日本防衛上の愚かしい欠点

たとえば、銀色に輝く、国籍不明の爆撃機が現れて、東京上空で爆弾投下の態勢に入ったとする。

日本国が、その法制度に忠実に対処する、すなわち民主的な法治国家として当たり前の対処をするなら、まずこの国籍不明機がどこの国のものであるかを推しはかり、その国に問い合わせ、確かにその国が国家の意思として日本を侵略しているのかどうかを聞き、相手国が幸いにも「そうですよ。わが国は間違いなく日本を侵略している」と言ってくれたら、閣議をひらき、防衛出動をするかどうかを鳩首《きゅうしゅ》協議する。

幸いにも全閣僚が一致して賛成してくれればまだよいが、ひとりでも反対か態度保留の閣僚がいれば、総理大臣はその閣僚を解任し、みずからがそのポストを兼ねるか、新しい閣僚を任命するかして、全閣僚が賛成に至れば、やっと防衛出動を閣議決定できる。

さて、爆撃機が領空を侵犯した段階で、前述したような優秀な航空自衛隊の戦闘機がF15をはじめスクランブル発進している。

しかし防衛出動が閣議決定されるまでは、翼を振り、相手機との通信を試み、退去するようにお願いするほかない。

もしも、その爆撃機が自衛隊機を攻撃してくれれば、たいへんな幸運で、なんと刑法の正当防衛を発動して、爆撃機を攻撃できる。

しかし爆撃機が自衛隊機を撃墜できなかったりすると、自衛隊の僚機による反撃は「過剰防衛」になってしまうかも知れない。なにせ刑法、そしてその中に含まれる正当防衛の概念はあくまでも市民生活のためのものであるからだ。

こんな苦しみに直面する自衛隊機のパイロットたちは、防衛出動が閣議決定されたと聞いたとき、やれやれ、これでやっと迎撃を開始できて国土と国民を護ることができるとうれし涙を流すかもしれない。しかしそのときには、もちろんのこと爆撃機はとっくに爆撃を完了し、領空外に去ったあとであり、素晴らしい錬度を持ったパイロットが眼にするのは、炎上する東京だけだろう。

現在のわが国の防衛に、これほどまでに愚かしい欠陥があることを、どんなに優れた自衛官も、国民に向けて問いかけない。

いざとなれば、このような馬鹿馬鹿しい法体系を無視してでも、破ってでも、国民を護るしかないと内心で秘かに決意しているからだ。

これでは対症療法だ

わたしたち日本国民のうち、少なからぬ人びとがこの現実を知らないのは、国費で養われた現場のプロである自衛官の意見を聞く場のないことが、ひとつの原因だ。

制服を着た軍人が議会で証言する機会のない民主国家は、これも日本以外に存在しない。

しかし、もっと大きな原因、いや根源的な原因は、有事（戦争）や重大テロへの備えを他人、アメリカに預けてきたからだ。領空侵犯し爆撃態勢に入った爆撃機は、在日米軍基地から飛び立ったアメリカ空軍機があっという間に撃墜してくれると、日本国民はなんとなくそう信じているのである。

このような爆撃機による攻撃は、実はあまりに古典的であって、もはや起きる可能性は極めて小さい。現実に起きるシナリオは、相手国が発射した弾道ミサイルが落下してくる事態である。

そこで日本政府は、弾道ミサイルに限っては、自衛隊の航空総隊司令官が実質的に反撃を決断できる仕組みを導入した。

また内閣と総務省消防庁（国民保護室）が中心になり、弾道ミサイルの発射に対して落下予想地点の住民を避難させる体制の整備などを急いだ。そして西暦二〇一四年にはJアラートがすべての自治体に導入された。わたしが社長を務めていたシンクタンクの独立総合研究所（独研）も、内閣、総務省、さらに自治体と連携して、この整備に非力ながら寄与している。

だが、わたし自身が関与しているからこそ、ありのままに明確に言おう。これらの努力は、あくまでも「対症療法」である。根本治療ではない。

対症療法としては、特に重大テロへの備えは、かなり進展した。たとえば前述した原子力発電所については、これも独研が具体的に協力しているが、ここ三年半ほどで過去とは比較にならないほど防護が充実しつつある。

かつては「リスクなど存在しない」ことになっていた原発について、行政も電力事業者も「いやテロリズムに襲われれば大惨事になるリスクがある。そのリスクがあってもなお、日本の自主エネルギー源として必要だから維持する」という立場に変わった。

これは主権者に嘘《うそ》をつかない意味でも、意味の深い変化であり、具体的には短機関銃MP5を装備した武装機動隊が常駐し、大きな抑止力となっている。

だが、日本は政府も国民もなまじ器用なだけに、このままでは対症療法だけで済ませていくことになりかねない。

日本国民は、自立、独立した自由と民主主義による主権国家の主人公として、わたしたち自身を重大テロをはじめ新しい脅威から護るために、根源的な見直しをせねばならない。

第六の章

「円」こそ、国際通貨である

エコノミストが予測を外した理由

日中関係を、ここでいったん経済の視点から見直してみよう。

まず、日本経済の現状を正確に見る必要がある。今、日本経済はデフレがなかなか終わらない。

だが本来、資本主義経済は、物価が上がっていくことによって、つまり適切なインフレになることによって経済が回っていくという世界である。個人消費が伸びないためにデフレから完全に脱却できないことが問題だと言われているが、本当の問題は円である。

日本の銀行系のエコノミストには、一ドル一二〇円ぐらいがとても居心地がいいと言うひとがいる。だが、それはとんでもない話だ。これは麻薬である。

そもそも、デフレに苦しんだこの十数年、そのトンネルに入る前に、日本経済はどうだったか。

日本経済は調子がよく見えた。だからバブルも生んだ。基本的にアメリカ経済頼みだった。日本車がアメリカで売れることを筆頭に、アメリカの需要を頼みにしていた。ところが、日本はデフレに入った。日本を除く世界経済は、第二次世界大戦後にデフレになった経験はない。戦争前はあったが、それを解消するために戦争が起きたとも言える。デフレを乗り越えるのは戦争しかないという説は昔からある。

日本は戦後、初めてデフレを経験した。日本経済のように本来は強いはずの経済が経験した。かつてない十数年続いたデフレーションである。

しかも、デフレ・スパイラルには陥ることがなかった。念のために言えば、物が売れないから賃金は上げられない、賃金が上がらないから物が売れない。物が売れないから賃金を上げないという悪循環が下向きにぐるぐる回って経済が崩壊する過程を、デフレスパイラルという。

わたしは三菱総研にいたとき、ちょうどデフレスパイラルに入るのか入らないかという議論が起きていた頃から「デフレスパイラルなんかに絶対ならない」と主張していた。わたしはエコノミストではないが、元経済記者でもあり、エコノミストとは違う視点で経済を見ている。

三菱総研時代に、総研の有名なエコノミストがわたしの席までやってきて、以下のように議論をぶつけてきてくれた。皮肉では全くなく、名誉だと思った。

「絶対デフレスパイラルに入って日本経済は崩壊する。あなたもそう言わなきゃだめだ。あなたはエコノミストでもないのに、なぜ、そんなこと言うのかな」

「申し訳ないですが、あなたがエコノミストだから間違うのではないでしょうか。経済問題は経済だけの要因で起きているわけではない。だから、必ずデフレは止まります。長期化はするけどスパイラルには入らない」

そのとおり、スパイラルに陥ることなく、日本はデフレーションを十数年も続けたが、止まった。その長いトンネルの出口に、どんな日本経済の新しい姿になっているか、それが問題である。

真の問題は円だ

トンネルの入り口では、アメリカ経済頼みだった。

つまり、他人頼みだった日本経済がデフレで苦しんで、しかしスパイラルに陥らないで何とかトンネルを出たとき、どんな自立した経済になっているかがわたしたちの課題だったし、希望だった。

ところがデフレの出口に立って、トンネルから身体が半分以上出て、外の世界が、新しい世界が見えて、新しい世界は何なのかというと、アメリカの需要に加えて中国の需要に頼んでいる。米中の外需だけに頼んだ経済になってしまっている。それを支えているのが、円のむしろ弱さである。短期的な円安、円高ということではない。円の根本的な弱さである。

たとえば円が弱いということは、外国で物を売るときに値段が安いわけである。だから、トヨタが史上最高の売上げを記録し、最高益をあげた。日本経済にとっては短期的にはトヨタの下請け企業まで含めよいことだが、中長期的に見たら何もいいことはない。

それどころか、この弱い円という麻薬が日本経済に浸透してきた。だから、いつまでも日本経済は自立しない。アメリカや中国の言いなりになる経済だという現状を変えにくい。

たとえばもしも円安が続いたら、そのあとには円の暴騰があるかもしれない。円の暴騰があったら、あっという間に物が売れなくなって、日本経済はペチャンコになりかねない。そうならないためには、中国やアメリカの言いなりにならなければいけないということになる。

だから、円こそが問題なのだ。

わたしは一ドル八〇円を挟んで上下するぐらいでも耐えなければならないことがあり得ると考えている。それくらい日本経済の現実は厳しい。だから改革を迫られている。コストを下げ、技術もナノテクノロジーも含めて、中国やその他の後発国が追いつけないような技術開発を迫られている。

もちろん痛みも生じるが、だからといって麻薬は嗅がない。だからこそ、神経に痛みを感じるわけである。この感覚を喪った国民経済であってはならない。

弱い円という麻薬は永遠には使えない。麻薬が切れるとき、すなわち急に予想をはるかに超えた円高になったとき、どうするか。それで経済は終わり、ということなら、どうやって子々孫々に日本経済を渡せるのか。

将来、円が暴騰しないような仕掛けは何かあるか。一切ない。

国民経済なのだからトータルに

経済だろうが、軍事だろうが、政治だろうが、外交だろうが、全部の根っこは通じている。ところが日本は、軍事は軍事オタクに任せて、経済は（デフレスパイラルになると断言したような）エコノミストに任せて、政治は政治屋だけに任せている。

これと対極にある姿が、一人ひとりがそれなりの国家戦略を持つ、自分の祖国をどうするのか戦略を持つことだ。全部が包括されなければいけない。

わたしは何もユニークなことは言っていない。

人間の普段の生活を考えてほしい。人間は丸ごとで人間だ。たとえば、仕事人としてはすばらしい仕事をするが、家庭人としては全然だめ、無茶な借金もする、子供はけっ飛ばすという人間でいいのか。そんなことはあり得ない。

必ず人間はトータルで一人の自立した人間でなければ、いけない。

国家だって、それと同じことだ。経済、政治、軍事と切り離してはいけない。

ところが、経済の中でも為替だったら為替ディーラーばかり、株だったら株屋ばかり、技術だったら技術屋ばかり。これでは日本経済は誰のためにあるのか、わからない。それぞれが自分のために勝手にやっているだけだ。

そうではなくて、経済も日本国民全体を幸せにするためにある。当たり前だが、それが国民国家の国民経済だ。

国民を護るのが国民国家だし、国民みんなが自力で幸せになりたいと生きるのが国民経済だ。

自律と自由が両立するのが資本主義経済であり、市場経済であって、社会主義経済のように特定の共産党権力がよければいいというのではないというのが、わたしたちの理念ではないだろうか。

速水総裁は最初から失格だった

話を為替に戻そう。今日の弱い円が何からはじまったか。それは優れたエコノミストである福井俊彦・日本銀行総裁（当時）が始めたわけである。

まず、日本の中央銀行のトップ人事について書いておきたい。呆れた側面があるからだ。

福井総裁の前は速水優総裁だった。このひとには忘れられない思い出がある。わたしが貿易記者会にいたとき、速水さんが日商岩井（現在の双日）の社長だった。

社長会見でいつも何を言っているのか、わからない。そこで、記者クラブが「もう少し話をわかりやすくしてほしい」と申し入れた。そして、次の記者会見を迎えたら、なんと、速水社長の隣に真っ白なスーツを着た芸人が座っている。桂三枝師匠（現・桂文枝師匠）である。

たまたまわたしが（記者クラブの）幹事だったので、「社長、恐縮ですが、師匠はどうして……」と、敬意を込めながら質問した。桂三枝師匠は全身硬直している。

記者もみんな、こわい目をしていた、「何だ、これは。忙しいのに、何でこういう人が座っているんだ」と思っている。個人的には三枝さんのファンでも、こちらは仕事で取材している。

そこで「どういう意味でしょうか」と聞いたら、速水社長が「会見がおもしろくないという話があったから、今日は面白くしようと思って連れてきました」と説明した。

正直、速水さんは頭がおかしいのではないかと思った。わたしはその場で、「社長、師匠、申し訳ございませんが、われわれは経済記者なので、芸能に関する質問はありませんから、社長にだけ質問させていただきます」と突き放した。すると、桂三枝さんは逆にほっとした顔をしていた。

それはそうだろう、いきなり経済記者から、最近の貿易についてどう思うかと聞かれても立ち往生したであろう。

結局、三枝師匠は、ほっとした顔で白いスーツを着て、ずっと座っていただけ。その速水優さんを日銀総裁にすると最初に聞いたとき、驚いて椅子から転げ落ちた。

何なんだ、その人事はと。

案の定、日本経済は速水日銀総裁のときに、めちゃくちゃになった。何もかも後手後手に回り、しかもメンツメンツで押し切ろうとした。

右の記者会見も結局、自分のメンツにこだわっただけだ。ごまかしたわけだ。「あなたの話がわかりにくい」と言っているのに、師匠を連れてきた。要するに、責任回避に過ぎない。

事実、彼は日銀総裁のとき、いつも責任を回避した。

円安を引き起こした福井スキャンダル

比べるのも失礼なくらいだが、速水さんに比べて福井俊彦さんはエコノミストとしての能力は比較にならない。国際マーケットでも非常に評価は高かった。

しかし、その福井さんが村上ファンドに投資していた。

これは即座に辞めなければいけない。なぜか。新聞の経済欄、株価欄には、いろんな要因が書いてある。景気の先行きやトヨタが利益を出したとか、いろいろ書いてある。実はそれらは、株価が上下する要因の一割か二割程度の話に過ぎない。

残りは何で決まるか。金利で決まる。

この先、金利が高いとなったら、プロは誰も株には投資しない。機関投資家たちはどんどん売り抜ける。だから株は当然下がる。逆にこの先、金利が安いとなったら、安定した株を買って少しでも儲《もう》けようとする。これが八、九割の要因だ。

わたしは証券記者として現場を這《は》いずり回ったから、それが身体に沁《し》みてわかっている。その金利を決められる人は実質、日本に一人しかいない。

中央銀行、つまり日銀総裁だけである。

その日銀総裁が株を買っていた。しかも、しこたま儲けて、総裁になってもそのお金を握っていた。それは辞任に決まっている。

国際マーケットは「福井は優秀な人だったけど、スキャンダルで終わりだ」と思ったが、結局辞めない。その瞬間に、「日銀はこれで独立性を失った」と国際マーケットが判断した。

中央銀行が独立していない国は後進国である。

国際マーケットには、それ以外の判断はない。後進国の通貨だから円はどんどん売られた。円を売ることに誰もためらいを持たなかった。売りが売りを呼んで、どんどんどんどん円は売り込まれて、その後に出てきたのが円のキャリートレードだ。

別にむずかしい話ではない。安い上に、金利が極めて低いから、円が売り込まれていく。

たとえば、ポーランドでマンションを買いたいと思ったら、円建てで、日本円を借りる。安く借りられるからだ。その日本円のカネをポーランドに持っていって売る。円を売って、ポーランドの自国通貨かドルに換金して、マンションを買う。つまり、円をキャリーして、トレードする。そうなったので、世界中で円が下がった。

だが、それは二次的に起きた話で、最初は福井スキャンダルからはじまっている。

福井総裁は平成二十年の三月に任期が切れた。任期が切れる前に、本当は夏の参議院選挙が終わったら辞めなければならなかった。政府与党の干渉じゃなくて、自分の意思で辞めて、初めて日銀の独立性が担保される。

当時の安倍前総理に、自分の欲のためにやっていなかった安倍さんだからこそ、わたしが望んでいたのは、ここで逆に安倍政権が日銀の独立性を高める法改正をやることだった。

そうしたら、マーケットの評価は一変する。日本は先進国だと、あっという間に円が買われる。円が買われて、輸出産業はトヨタをはじめ、みんな一時的に困るだろうが、外需だけに頼らない経済にするためには、その痛みは必要である。

「人民元」には二重のうそがある

なぜ、日銀総裁の話を延々したかといえば、円が人民元に押されているからだ。本当なら、日本の戦略上は一番有利に展開する場面のはずだ。

人民元には二重のうそがある。まず、名前からうそだ。

「人民元」というが、実態は「富裕元」、人民ではなく富裕層のための元である。

中国の内陸部では多ければ十人も子供がおり、国家が保護しない子供だから何の援助もなく、苦しんでる人たちがいる。その人民のための元ではなく、上海や北京で優雅な生活をやっている特定の層、いわば「資本主義社会のお金持ちよりずっと資本主義的な富裕層」のための元である。

「人民元」という名前は、「人民解放軍」が、実は人民抑圧軍であるのと同じように、うそである。

もう一つの、一番大きなうそは、人民元は通貨と言えない。国際通貨ではない。どうしてかというと、実質的にドルとペッグしている。中国は西暦二〇〇五年七月から「管理変動相場制」となり、ドルだけではなく円やユーロからルーブルまで十一の通貨と連動する「通貨バスケット」も一緒に採用した。しかしそれでも、中国元は本質的にドルと固定されている。

ペッグしているというのは、一ドルいくらというレートを中国政府が自分で決めているわけだ。人民元は小さなボックスの中で上げたり下げたりしているから、要は、実際にはドルと人為的に連動させている。

以前よりは市場性がいくぶん増したから日本の新聞は国際通貨のように扱っているが、実際は見せかけだ。

このため、人民元は完全な後進国通貨だ。ところがアジアの中での存在感は、日本円より人民元のほうがはるかに上になっている。円が安かろうが、高かろうが、誰も気にしなくなっている。

他方、人民元は少し高くなったり安くなったりしただけで、世界の株にも影響する。存在感を高めている。

円を国際決済通貨に

もともと円は、ドルとユーロと並んで世界の三極通貨だった。その時代に当時の宮沢喜一首相（その後、蔵相）や榊原英資財務官らが、何とかアジアの中で国際決済通貨にしようとした。つまり、ドルと同じように、どこの国でも使える通貨にしようとして、アメリカに叩《たた》き潰された。

今後は円安に頼らず、円高のまま、つまり円の値打ちが高い状態のまま、国内の産業は自助努力しなければならない。何でも安くアメリカに、あるいは中国に売れるというのではなくて、高いまま海外、国内で売らなければいけない。

人民元が迫ってきたときに、この自由な、本来の意味でもカレンシー（通貨）である円と、偽物の通貨にすぎない人民元との違いをもしも戦略的にはっきりさせることに成功したら、世界は、アジアのリーダーとしてどちらを選ぶのか。中国がリーダーになったらどんなに困るかを、通貨という一番大事な経済の大元で、世界に分からせることができる。

対中政策は、外交や安全保障や、あるいはエネルギーの話だけで済むはずがない。この経済のカレンシー（通貨）も、まさしく大事な対中政策である。

国連安保理の常任理事国に日本が実質的に立候補したことに中国が身を挺《てい》して反対しているのは、アジアには（本当は世界中だが）中国だけが覇者でなければいけないと思っているからだ。

しかし、それがアジアの幸せにつながるか。

まず諸国の自立を弱める。現に、シンガポールやマレーシア、ベトナム、あるいはモンゴルの人々は中国の圧力を恐れている。ウイグルやチベットのように、苦しんでいる人々がいる。

日本が一極になる必要はない。日本には支配するものがない。

しかし自由と民主主義を自分たちで作ってきた日本と、中華思想と共産主義の中国との二極があったら、ベトナムは日本と連携して中国を挟みうちに、モンゴルも日本と連携して中国を挟みうちにできる。戦争ではない。戦争にならないためのリアルにしてフェアな挟みうちだ。

これが本物の地政学だ。一言で言うと、地政学は挟みうちの世界である。むずかしい話ではない。

そのためには、国家の基本である円を高くしなければいけない。中央銀行が完全に独立しなければいけない。みんなで苦しんで、みんなで負担して、円を高くしておく。

それが実はアジアのためになる、自由と民主主義の価値を、このアジアに広めることになる。さらに言えば、いったん頓挫した円を国際決済通貨にするという構想も、蘇《よみがえ》る。

「早く中国に崩壊してほしい」

残念ながら、通貨の問題と対中政策は関係ないと思っている人が日本には多い。中央銀行の人々や、財務省の人々、金融庁も含めて、みんなそういう発想だというところが日本の病である。

財務省の若手の一番のエースと議論した。その財務官僚は「日本はどこにも出口がない」と言う。日本経済は終わりですよとまで言った。それが彼らの本音なのだ。

中国に進出している工場の問題など、解決すべき問題が山積している。それらも懸案だが、経済を考えるときに、まず何よりも人民元に対抗する通貨として円を蘇らせる必要がある。

すなわち、必ず円高にしなければならない。そのためには、もう一度申しあげる。みんなで苦しみ、耐えなければならない。

関西で講演してびっくりしたのは、地方の経営者の十人が十人、二十人が二十人、みんな「早く中国に崩壊してほしい」という。

どうしてかというと、まず中国に工場進出してみたら、ルールが朝令暮改どころか、つまり朝に命令して夕方に変えるどころか、朝に命令して朝に変え、昼に命令を引っ込めて、昼にまた命令を出しと、めちゃくちゃにルールが変わる。

つまり、共産党の地方の書記たちが儲かるようにしかやらないから、何でも恣意的にルールを変えられる。だから、それへの対応だけでアップアップとなる。

しかも、中国人労働者を使ってものを作ってみたら、日本と同じ部品を作ることは不可能で、いくら工賃が安くても使い物にならない。製品の均一な維持ができない。

だから、中国の工場から泣く泣く撤退せざるを得ない。

膨大な赤字を残して撤退したあと、どうなるか。中国は日本企業が残した工場を使う。中国から粗製濫造の安いものが怒濤《どとう》のように入ってくる。

そうして日本のよい製品を圧迫している。

対中投資は儲かっていない

日本政府に勧められて上海に子会社を設立しようとしている企業のトップと会うと、温厚なこの人には珍しく、表情が険しい。日本の代表企業の一つである。

わけを問うと、「中国に進出した日本企業のほんとうの決算を、徹底調査した。すると全て、実質的には赤字なんだ」と言う。

「政官財の各界とのお付き合いもあって予定どおりに上海に子会社をつくるけれど、おそらく運命は同じだ。こんなに大事な情報が隠されている現状に、怒りを感じる」

この企業の調査によると、赤字の原因は第一に、日本企業の中国進出前には受け入れ可能に見えた投資条件を、進出後にあっという間に中国が恣意的に変えてしまい、利益の正当な確保が難しいことにある。

第二に、安いはずの人件費がじりじりと上がっている。

経産省や商社の幹部によれば、ベトナム、インドといった投資先は、投資ルール変更のリスクは中国よりずっと小さく、人件費も上昇があっても中国より緩やかである。

いずれも確たる統計で立証された話ではないことは、冷静に踏まえねばならない。

だが、中国に縁の深い経産省大物ＯＢは指摘する。

「日本企業が、中国や外務省の不興を買うことを恐れることもあり、中国進出企業のリアルな決算が世に出ない。中国ではもともと、地区の共産党が成果を水増しして中央に報告するから統計に信頼も期待もなく、それで済んでいる。その（前出の）企業のように人脈を介した聞き取り調査で初めて、実態が分かる」

「したがって、中国が真に投資に適しているか、日本企業の本音では疑問が募っているのは、正しい実感だと言わざるを得ないね」

となると、前出の企業トップの語った、もう一つの重大な話をシリアスに考えねばならない。それは「政官財とのお付き合い」のために、気の進まない対中投資をそのまま進めるという事実だ。

関西経済同友会の画期的な提言

中国に投資を続けることは、その人口、成長力から必要である。

だが、中国の独裁政権に媚《こ》びつつ、ただ投資を維持するよりもベトナム、インド、さらにはモンゴル、インドネシアといった投資先に積極投資することによって、中国に危機感を抱かせ、朝令暮改のルール変更をはじめとするアンフェアな姿勢の転換を迫ることが、実経済に明らかに効果的だ。

その意味から、関西経済同友会が西暦二〇〇六年四月に日中韓の関係をめぐっておこなった提言は、日本には稀《まれ》な戦略的アクションである。

提言を通じて関西財界は、いわゆる歴史問題について「人間の歴史につきものであるから拘泥すべき時期は終わった」との趣旨で断じた。

すなわち、中韓の戦術に同調して歴史問題をカードとして使わせるような外交をするな、毅然《きぜん》たる姿勢に変われ、という意思表示である。〝超経済外交〟が、民間のイニシアチブではじまるという期待すら感じさせた。

逆に、東京の経済同友会が、日中の経済関係への懸念から小泉純一郎首相（当時）に靖國神社参拝をやめるよう迫ったのは、むしろ経済のためにこそ稚拙な戦略ではないかという観点が成り立つ。

靖國は、神社のあり方も首相ら公人の参拝のあり方も、現状で良いわけではない。

宗教法人であることをやめ、公的管理に切り替え、いわゆるA級戦犯もその処刑で責任は全うしているのであるから「日本文化に則って合祀《ごうし》しており東京裁判の判決の受容を変えるものではない」と首相が世界へ明確に責任をもって説明し、そのうえで参拝するといった案を含め、改革が検討されねばならない。

だが参拝見直しを中国の戦術に沿って行えば、企業が本来は見送りたい対中投資をそのまま続けるという歪《ひず》みと表裏一体の、誤ったアクションになるだろう。

第七の章　二〇一〇年、東アジアは激動する

北の核開発を促進した六カ国協議

六カ国協議が二〇〇七年二月十三日、「合意」をみた。それによって北朝鮮の核開発は、マスメディアの報道のごとく「歯止めがかかる」のではない。逆だ。画期的に進む。合意には「寧辺《ニョンビョン》の核施設の停止と封印で原油五万トンを贈る」とあるが、寧辺は長崎型原爆の材料のプルトニウムを作るだけの施設だ。材料がもう揃ったから、二〇〇六年に核実験したのであり、しかも老朽化している。

ブッシュ政権（当時）内部で合意に反対する高官はわたしに電話で「すでにゴミ施設だよ」と語った。衛星で、廃炉の準備がはじまっていることを確認しているのだ。

合意にはまた、「他の核施設を申告し、使用不能にすると、残り九五万トンの原油を贈る」とあるが、この「申告」というもの、すべて北の自主申告である。

国際査察は、北にとって閉じても痛痒《つうよう》のない寧辺だけで、他は、北朝鮮が急に正直に申告するというブラックジョークだ。

合計一〇〇万トンの油は、北が一年間に費やす総量である。つまり北は失うものなく一年の時間を手にした。さらに合意は、二〇〇六年のミサイル連射と核実験に触れていない。

ミサイル連射のうちテポドン2号はどうでもよい。二段目の燃料タンクが空であり、「米国領土には撃ち込まない」というアメリカ向けのメッセージを込めたカラ撃ちだった。問題は、日本がターゲットの中距離弾ノドンが、命中精度をはじめ格段に進歩したことだ。核実験はその三カ月後であり、ノドンに核を載せることが北の真の狙いだと分かる。それに必要な時間は、軍事常識からすると最短で一年だ。

北朝鮮の核が「使える核」になる

日本の主要都市に照準を合わせたノドン核ミサイルが実戦配備され、北朝鮮の核が「使える核」になる。それが秘かに、しかし確実に進行している。しかもトランプ政権下のアメリカはそれを是認するかの構えだ。

これがリアルな情況である。このために日本核武装への希求は、いま現在では想像もつかないほど強まっていくだろう。

東アジアは二〇一〇年までは、大きくは動かなかった。

もっとも巨大なプレイヤーである中華人民共和国が、二〇〇八年の北京五輪、一〇年の上海万博を無事に終えるまでは、どのような無理をしてでも現秩序をもたせようとしたからだ。

逆に言えば、二〇一一年から先は、中国が本音を剝《む》き出しにしていく時代に入ったことを意味する。中国共産党は、いまや北朝鮮の金一族の独裁が続くことを望んではいない。中国にとって、より扱いやすい「軍による集団指導体制」の北朝鮮を望むだろう。将来の東アジアを考えれば、人類史上でも最悪レベルの独裁である金一族の独裁体制は姿を消している可能性がある。

ところが朝鮮半島から核ミサイルは姿を消さない。

韓国と、新体制の北朝鮮がどのような関係になっていようとも、仮に形式的には「統一高麗連邦」といった緩やかな連邦体制ができあがり「朝鮮半島に平和が来た」という報道がなされていてもなお、核ミサイルは日本にターゲティングして配備されたままであろう。朝鮮半島はもはや、核を手放さない。アメリカは、これを容認する。

それが多くの日本国民を、「あの金正日総書記がいなくなっても、日本は核ミサイルで脅されたままなのか」と一驚させ、核武装へ向かわせることになるだろう。

わたしは今、六カ国協議の合意とその後の経緯をみた時点で、こう考えた。

韓国が反日に転じた理由

ここで、朝鮮半島の情勢を見ておこう。関心の高い北朝鮮に入る前に、韓国の問題を見ておこう。

韓国は盧武鉉政権になった当時、極端な反日になった。あろうことか、六十年も五十年も前に日本と親しかった人の、その子孫の財産を没収した。この一事をもっても韓国は民主主義とは言えない。

彼らはなぜ、極端な反日になったのか。

それは、韓国が必死で自分のレゾンデートル（存在理由）を探そうとして、もがいているからでもある。そこをわたしたちは冷静に見なければいけない。

いま民族分断で、朝鮮半島が二つに割れている。韓国はアメリカ、そしてアメリカの横にいる日本と協力して国の存立を図ってきたが、中国がどんどん膨れ上がってきた。

そうなると、韓国は先祖返りせざるを得ない。

先祖返りとは何か。あの朝鮮半島が、中国大陸の圧力から自由だった時代はない。韓国も中国と同様の長い歴史を持っている国だが、四千年間にわたってずっと、中国の圧力を受けてきた。

日本は、聖徳太子という優れた指導者の時代に、「日出るところの天子より日没するところの天子」と書いた親書を中国皇軍に手渡した。これがその後の日中関係を決定づけた。

ちなみに、サンライズの国からサンセットの国と言ったので、当時の隋の煬帝が怒ったと言う歴史家がいるが、それは違う。中国に行けば、日が昇るところと日が没するところは平等だとわかる。中国の価値観ではそれは同じだ。日が出てこようが沈もうが、それは自然の一部である。大陸だから同じなのだ。

そうではなく、天子から天子へと言ったのが気に入らない。天子は一人しかいない。後は王である。もし「日出るところの王から日没するところの天子へ」と書いたら、中国にとって何も問題はない。それを「天子」と言ったから、皇帝と並ぶ者があることになってしまった。

だから日本の王の名前は「天皇」なのだ。中国皇帝に冊封される王では、決してない。

もはや韓国も中国の影響下に入った

中国が膨張してきたら、韓国は先祖返りせざるを得ない。だから、日米の側に戻ってくることは二度とない。むしろ中国との関係をどうするかで、必死である。

盧武鉉大統領はたしかに常軌を逸していた。だが、その後に登場した李明博大統領（当時）に代わって、スタンスがずいぶんと変わったと述べた評論家、学者は多い。だが長いトレンドで見ると、韓国はもう二度と日米の側には本当には帰ってこない。

たしかに、もう盧武鉉さんみたいな露骨な言い方はしないであろう。なにしろ、盧武鉉大統領は整形手術したりする変わった人物だから。

彼のように露骨なやり方はなくても、韓国は中国に飲み込まれないためにどうしたらいいのかを考える。

だからこそ、高麗の時代の歴史認識論争を中国と展開している。この論争は高麗（または高句麗）の歴史は中国史の一部なのか、それとも朝鮮史の一部なのかというご当人たちにとっては抜き差しならない対立だ。

実態は、そんな論争とは関係なく、もうすでに中国の懐《ふところ》の内の朝鮮半島となっている。北朝鮮が中国の影響下にあったことは誰でも知っている。アメリカはその北朝鮮を核を持たせたまま親米国家に変えて、中国へのカードとして使おうとしている。一方で、韓国は逆の動きになることを理解する必要がある。

よく、「朝鮮半島の統一」という。しかし、朝鮮半島の歴史で、日本のような統一国家だった歴史もあるが、一貫してそうだったわけではない。

あの小さな朝鮮半島の中で三分割していた時代もある。朝鮮半島は、中国に抗する統一づくりには古来、苦労してきた。

他方、日本は聖徳太子という天才が中国の一番痛い部分、いやな部分を突いて、こちらにも「天子」、すなわち天皇がいると主張したから、中国に飲み込まれずに日中関係を築いてきたとも言える。

だから日本外交の伝統は「争わないことをよしとする」のではない。

それは、たった一度の敗戦に頭をガーンと叩かれたあとの外交に過ぎない。聖徳太子が始めたのは、「戦争にはならない範囲内で上手に争い、それをテコに対等外交を造っていく」という手法であった。

これが本来の日本外交なのだ。

インドとの連携を

そして今や、敗戦後につくられた秩序が音を立てて崩れているという現象を見なければいけない。

日本にとってアメリカは、はるか太平洋の彼方である。だからアメリカだけでなく、他のところとも組まなければいけない。さて、どこと組むか。

地政学の根本である挟みうちを考えたらベトナム、モンゴルである。と同時に、中華人民共和国が建国してから最初に意識して戦争を仕掛けたインドである。

さらにオセアニアも考えれば、足の下にオーストラリアという民主主義国家がある。だから日米豪印の連携が一番大事であり、かつ中国が一番いやがることなのだ。だが日米豪印の連携も、はっきりいって、今のところは口先だけに過ぎない。インドも一〇〇％は信じていない。インドが本当に日本を信用しないと連携できない。

日本にとっては、多くの苦しい壁がある。

たとえば、インドでは児童労働が普通だ。小さな子供を平気で使っている。だから工賃が安い。そういうことを日本が受け入れていいのか。そういう深刻な問題がある。

インドには一定の民主主義はあるが、そういう問題をどうするか。それも含めて取り組みつつ日本が本当にインドと手を組んだら、本物の日米印豪の連携ができたら、そのときは日本ひとりで中国に対抗するという状況とは違って、ずいぶんと好転する。

ただし、その連携が完成すればするほど、朝鮮半島は二度と帰ってこない可能性がある。

北朝鮮経済は崩壊する

その上で改めて北朝鮮の問題を考えると、北朝鮮の現在の苦悩はもちろん、ソ連の崩壊からはじまった。

ソ連が崩壊せず、社会主義経済圏が存在していた時代、ソ連と東欧諸国と中国と北朝鮮があった時代は、その中で小さな規模の経済でも回していればよかった。だから北朝鮮経済はそれなりに保たれていた。

だがソ連が崩壊して、その輪が切れた以上、北朝鮮の経済は当然、崩壊せざるを得ない。

他方、中国は資本主義を取り入れた。資本主義を取り入れたからこそ、資本主義を取り入れられない北朝鮮はいずれ崩壊するということを、中国は見抜いている。

資本主義を取り入れられない大きな要因の一つが、北朝鮮の世襲システムである。中国は、それが、いかに有害かを知っている。

というのは、江沢民・前国家主席（当時）は、父親が日本軍のスパイだったという説もあるほど反日に走った。その影響もあって彼は北朝鮮が大好きだった。より明確に言うと、日本国民を誘拐する北朝鮮が好きだった。だから金正日総書記が訪中すると、江沢民主席は、身長およそ一五〇センチでハイヒールを履いた金正日総書記をハグした。

ところが、胡錦濤主席（当時）になったら、彼とのハグを一切拒否した。

胡錦濤主席は金正日総書記を嫌っているからだ。

胡錦濤主席がどうして現在の権力を得たか。チベットの党書記であったときに、誰もできなかった虐殺をやったから頭角を現した。アメリカの情報筋によれば二〇万人前後と言われている。

同時に、彼なりの社会主義者でもあって、社会主義の大義は権力を世襲しないことだと考えている。世襲の否定、それは中国共産党にとって譲れない原則だ。

胡錦濤は北朝鮮が大嫌い

その証拠に、毛沢東の息子が権力を世襲したか。毛沢東の長男・毛岸英は朝鮮戦争で戦死した。もう一人の息子も、ひっそり死んだ。中国は権力者の息子や富裕層の息子が世襲する時代になったが、中国共産党の中枢では世襲は起きていない。

あの最悪の独裁者、ソ連のスターリンでもその子どもに世襲はさせていない。

それなのに金一族は、世襲で権力を継承している。

「抗日パルチザン」と言っていながら、本当はロシアに逃げていたという金日成主席が、その息子、金正日総書記に世襲させた。

それだけでも胡錦濤は気に入らないのに、金一族はさらに金正日総書記の長男、金正男さんを一時期世襲候補にしていた。そうでなければ、二男の金正哲さんか、三男の金正恩さんか。

この二人は年齢的にもあまりにも若すぎた。

ところが、やがていちばん若い金正恩さんが権力を世襲することになるのだが、そうなるよりずっと前から胡錦濤さんは金正日総書記が大嫌いだった。そこでハグせず、握手しかしない。せがまれて一回だけハグしたことがあるが、胸の上だけ、形だけつけて、ぎゅっとハグはしなかった。胡錦濤さんは一見、能面のような顔をしているが、感情が結構出る人物である。

中国の胡錦濤政権は北朝鮮の未来を読み取っていた。これはもうもたないとみていた。一つには、北朝鮮経済は社会主義経済圏が壊れた以上、保てない。中国のような改革開放を採り入れなければ持たない。

だが、権力が世襲の独裁権力だから、改革を採り入れたら、政権が倒れる。選挙をやれという話になる。堂々巡りの悪循環だ。

胡錦濤主席は金正日総書記が嫌いだから、北朝鮮の独裁政権を変えたいというのが本音だった。守っているのではなく、本当は変えたかった。

北京オリンピックと上海万博の背景にあるもの

しかし、中国にはその前に国家の大目標があった。

中国が大阪に勝って北京にオリンピックを誘致したころ、中国共産党の関係者がわたしにこう言ったことがある。

「青山さん、われわれは、日本よりも学ぶ民族です。漢民族は大和民族と違って、歴史に学び、周辺諸国に学び、失敗に学ぶ。日本のように同じことを繰り返したりしない。われわれは、日本がなぜ一流国になったか、勉強しました。東京オリンピックだけで一流国になれたんじゃない。大阪万博とセットでやったから、日本は一流国になったんだと。世界中が中国は二〇〇八年の北京五輪をやるのに一生懸命で、そこまでは何とか現状のまま保たせて、その後は混乱すると言う人がいるけど、少なくともその後二年、上海万博までは断固守る」

わたしはそのとき、話はわかるが、状況はずいぶん違うと議論した。

つまり、オリンピックはいつまで経ってもオリンピックだ。ネット上でオリンピックはできない。人間の身体を実際に使わなければできない。

しかし万博は、今やネット上でできる。仮想空間のパビリオンで十分楽しめる。

そのために、上海万博は実はローカル万博に終わった。西暦一九七〇年の大阪万国博覧会は文字どおり万国だったが、上海万博は蓋を開けたら、上海ローカル博覧会になっていた。

だから、過度に期待してはいけなかった。

しかし中国はそれどころではなかった。中国はどんな無理をしてでも、上海万博を成功させたいと思っていた。

ということは、二〇一〇年の上海万博までは絶対に北朝鮮をつぶさない。

北朝鮮が胡錦濤の顔を丸つぶしにして核実験をやったとき、中国はいったん、原油供給を止めた。しかしそれは通関している、関税を通している油のことに過ぎない。

だが、本当は通関を一切しない油がある。パイプラインを通している。それで北朝鮮の原油の実に九割を支配している。パイプラインを太くし、中国が生殺与奪の権限を握っている。

つまり生かしておきたいと思ったときは独裁者ごと生かしておく。まるで麻薬のように、パイプに頼るようにした。だから、中国がキュッとパイプラインのコルクをひねったら、北朝鮮は死の苦しみとなり、キュッと開けたらまた蘇るという仕組みになっている。

すなわち二〇一〇年の上海万博が上海ローカル万博ではなく、文字どおりの「万博」ワールド・エキジビションになったら、その後に、キュッと止めようという話なのである。

核実験とミサイル実験はセットだった

金正日総書記は天才的戦略家だから、キュッと止めようという中国の意図がわかっている。ということは二〇一〇年までは自分は安泰だ。

だから、その間に核実験をやった。核実験をやったら、展望が開けるかもしれない。

事実そのとおりに開けた。

北が核実験をやった途端に、アメリカはひれ伏した。アメリカ国務省がひれ伏した。アメリカ国防総省はひれ伏さないが、当時はイランとイラクでそれどころではない。軍事力を持たない国務省はひれ伏した。核を持った意味はあったわけだ。

二〇〇六年十月の核実験と、その前の七月のミサイル実験はセットだった。ミサイル実験は核弾頭を載せるミサイルを作るためだった。両方とも部分的成功だった。テポドン2号は失敗したが、日本がターゲットになるノドンは大成功した。命中精度も上がったし、弾頭に搭載できるペイロード（容量）も増えた。距離も長くなった。最大一三〇〇キロぐらいだったのが一八〇〇キロにまでなった。

詳しく命中精度を説明すると、軍事用語で「半数必中界（ＣＥＰ）」という言葉がある。ミサイルを撃ったら、その半分が必ず落ちる範囲である。それがあの実験までは半径五キロぐらいだった。

つまり十発撃っても、直径一〇キロの広い範囲に半分しか落ちない。たとえば、お台場を狙っても無理だった。

それが、二〇〇六年の七月の演習のあとは、半数必中界（ＣＥＰ）が〇・六キロ、六〇〇メートルに向上した。つまり、直径一・二キロ。ほぼタクシーでワンメーターの距離である。そこに半分が落ちてくる。仮に、それが核を積んでなくても、通常弾頭であっても脅威となる命中精度だ。

たとえば、佐世保は今もイージス艦が入ってくる狭い軍港だ。その湾の山の横腹に穴を掘って、弾薬庫を造っている。帝国海軍の時代からだ。そして今は、弾薬庫の上に市営住宅やたくさんの住宅が建っている。

佐世保市で最初の高層市営住宅は、その弾薬庫の上方に建っている。命中精度が上がったノドンを、もし、そこに撃ち込まれたら、誘爆に誘爆を重ねて下手をすると核兵器並みの破壊力になるかもしれない。

金正日総書記が金日成を暗殺した

日本にとっても大脅威だが、これは中国にとっても脅威になる。神経に障る。だから中期的に見たら、中国は今、怒りを溜《た》め込んでいる状況だ。

中国が金一族の排除にかかる可能性は潜在的に常にある。

そのときにやることは簡単だ。別に流血の事態になる必要はない。

というのは、北朝鮮の権力構造を理解すれば、わかりやすい。北朝鮮の権力構造は真ん中に金一族、独裁者がいて、その下に、一つは工作機関があり、その一方に軍がいる。

これで終わり。これしかない。

つまり、普通の国だったら、行政機関もあれば、国会もある。形としては、北朝鮮にもそれらはあるが、権力は一切ない。

実際に、ある種の権力を持っているのは、独裁者と工作機関と軍だけである。この三者だけなのに、実は、金正日総書記が本当に影響力を持っているのは工作機関だけだ。

どうしてか。

金正日総書記は軍にいたことは一日もない。父親の金日成国家主席が、なぜか金正日さんを軍に入れなかった。あるいは、入ることを許さなかった。

軍に入れたのは異母弟の、お母さんが違う弟の金平一さんだ。やがて外に出されて駐チェコ大使となった。彼は、金正日総書記によって東欧に追放されていると言える。西側の情報機関は「金日成の真意は、この金平一を後継の独裁者にすることで、金正日ではなかったのだろう。金正日は映画でも作っていればいい、ということだったのだろう」と考えている。

はっきり言えば、西側情報機関は「金正日総書記が金日成を暗殺したのではないか」と疑っている。証拠はないが。急に心臓病で亡くなったわりには、遺骸も何も表に出てこない。

南京大虐殺の次に出てくる中国のカード

いわゆる歴史認識問題について言えば、中国にカードとして二度と使われないということが一番大事なポイントである。

実は平成二十年は、中国の計算ではいわゆる南京大虐殺問題で大もめになる年だった。すでに中国は映画攻勢をかけている。要するに、わかりやすいうそを作る話だから、日本も対抗して、一部保守派が映画を作る計画が進んでいるが、日本はかなり苦しむだろう。

しかも、南京で終わると思ったら、大間違いで、実は南京の次に中国が用意しているカードがある。

それが石井七三一部隊の問題だ。悪名高い細菌部隊の問題である。

日本は帝国陸軍が石井部隊を中国に置いて、細菌戦の研究をしてマルタと称して人体実験を行った。これには動かし難い事実がある。その証拠が残っている。その意味では、南京事件の比ではない。

「南京大虐殺」はでっちあげだが、石井七三一部隊はでっち上げではない。

中国は今のところ、これにほとんど発言していない。日本では、ほとんど知られてない。

なぜ知られていないかというと、敗戦直後にアメリカが細菌戦の研究をしたかったから、当の石井四郎部隊長（軍医中将）をかくまって、その資料をアメリカが全部押収して、その代わり不問に付した。

しかし、それは中国にとっては関係ない事情である。なぜ中国は、これを今あまり言わないのか。ほんとうは、次のカードとしてポケットに入れているわけだ。

南京の問題は、いずれどこかで決着がつくかもしれないが、そうしたら、またこのカードを出される。

だから、歴史問題にピリオドを打つためには、むしろ日本から最初に石井問題を議題にして、日中共同の歴史研究をもう一度やり直すべきだ。石井部隊の問題は、目を覆うような現実がたくさんある。これは全部出す。石井部隊の問題には戦後の政治家と癒着していたところもある。それも全部出す。

日本にとって都合のいいところも悪いところも全部出すことによって、初めてカードを封じ込めることができる。日本から打って出るということを考えるべきだ。

東アジア共同体構想への疑問

いわゆる東アジア共同体構想を、外務省も、日本の政治家も、あるいはメディアも、この構想を進める方向で一致している。だが、わたしは明確に反対である。

というのは、東アジアには、民主主義国家が日本しかない。

韓国は民主主義ではない。その証拠に、大統領が交代すると、前の大統領が死刑判決を受けたり自殺したりする。大統領交代は、本当は王朝の交代だからだ。王朝の交代だから、したがって前の王朝を全面否定しなければならない。

この一点をもってしても、韓国はまだ当面は本物の民主主義とはとても言えない。

アジアで成熟した民主主義と言えるのは、この日本だけである。そして東アジアの秩序の再構築のためにも、日本の民主主義のパートナーという意味でアメリカの軍事プレゼンスは必ず、必要である。

アジアと言うが、本当は、オセアニアと、それから太平洋を通じて、ハワイも含めてアメリカと繋《つな》がっている。

中国が東アジア共同体構想を打ち出す目的は、はっきりしている。アメリカの追い出しだけだ。

そうである以上、この東アジア共同体構想が今のまま進んでいいわけがない。

日本が、日米印豪の連携を組むのであれば、必ずや、アメリカのプレゼンス、それからインドのプレゼンス、これを全て確保した上で練り直した共同体構想でなければならない。

第八の章　これが日中謀略戦の実態だ

これが中国のハニー・トラップ・リストだ

冒頭から、衝撃的な事実を明かそう。

治安関係者と会ったとき、工作員のリストを短い時間であったが、見ることができた。文書を渡すことはまったく拒絶されたが、わずかな時間だけ閲覧することだけはできた。

その中にわたしの全然知らない中国人女性の名前があったので、「これ、何ですか」と聞いたら、「青山さん、これは財界担当の中国人の女性工作員ですよ」と言う。

年の頃は四十前後で、華のある美人だという。脚線美にすぐれている。そういう工作員が日本の要人や著名な財界人と性的関係を結んでいる。

「性的交渉は可能なんですか」と聞いたら、こう説明してくれた。

「いやあ、青山さん、そこがプロなんだ。彼女は、日本の老人方を満足させる性的交渉術を持っている。財界の中には拒否した人もいますが、多くの人が術中にはまっています」「日本の治安当局は極めて優秀だが、法律がないので逮捕できない。この女性工作員は、スパイ防止法がある国だったら、とっくに逮捕されています。日本にはスパイ防止法がありませんから、やりたい放題です」

つまり政界の中の親中派だけでなく、そして官僚の中で中国に手足と要所を握られている連中だけでもなく、経済界にも中国の工作の手が入っている。

そして別の治安関係者（複数）は、「海上自衛隊員にも、想像を絶するほど深く、そして多くの中国人女性が食い込んでいる」と語った。

本当の「価値の外交」を

日本では繰り返し、「中国は大きな国だ。十四億人ものマーケットがあるのだから、大事にしなければいけない」と言われる。

そんなものは全部、裏返せばいい。中国に「日本の工場進出がなければ、この膨大な失業予備軍をいったいどうするんですか」と言う。それが国家戦略だ。

社会主義は自由はない代わりに貧困はないはずが、自由がないのに貧困だけはあるという国になっている。あるいは、ベトナムやインドより中国人の工賃が高くなっている。そういうことを、日本がむしろ中国側に考えさせるというのが一番大事なところだ。

中国が分解するのを待ったり、期待したりするのではなくて、日本をないがしろにしたら成立しない経済にすることが大事なのだ。

「共存共栄」などというきれいな言葉だけで済まさず、まずは通貨で優位に立つ。

中国がもし自由と民主主義の国に変わったら、そのときは必ず、中華人民共和国は分解する。中華人民共和国が続く以上は必ず共産主義独裁である。中華人民共和国であるかぎり、人民元は必ず独裁国家の通貨である。

表の顔は社会主義、裏の顔は格差も何でもありの社会だ。日本のような自由と民主主義になる可能性はない。

「主張する外交」をかつて第一次安倍政権が掲げたが、ほとんど成果を残さずに政権が崩壊した。主張する外交というのであれば、通貨も外交であるというところに戻らなければいけなかった。経済も「日中双方の利益」というキレイ事で済まさず、経済は自由と民主主義の側が引っ張るのだと主張すべきだ。

共産主義の側が資本主義のいいところだけを取って、人民に負担を押しつけるやり方に異をきちんと唱える外交が、実は、日中経済でもっとも大事な部分である。

あるフランス当局者が明かした話

北朝鮮は二〇〇六年十月に核実験をおこない、その核をテコにアメリカを引きずり込んで成功している。

しかし、したたかな金正日総書記は一方で、崩壊シナリオにも備えている。

崩壊シナリオとは、まずカネである。金正日総書記が裏資金を調達できなくなると、軍との関係が切れて、朝鮮人民軍の不満が高まる。そのときに、金正日総書記は亡命しかなくなる。

わたしは当初、中国に亡命する可能性があると聞いていた。ところがその後、フランスやカンボジアという候補地が挙がったので、まずフランスに行って、フランスの有名な局長級幹部に会った。パリのアンヴァリッド（廃兵院）近くのカフェで、こっそり会った。

そうしたら、別れ際に「そういえば、あなたの話とは違うけど、ちょっとこういう話を小耳にはさんだ」と言った。その局長級幹部が言ったのは、こういう話だ。

「金正日総書記がパリで、旧王宮を四〇〇億円で買ったとか、買おうとしているという話がある。金一族が全部入れるような大きさだ。フランス諜報《ちょうほう》機関の活動で、それが裏資金だということがわかったから、凍結している」

わたしは驚いた。こう聞いた。

「あなたが今言おうとしているのは、実は金正日総書記がパリに亡命する準備をしていて、途中までフランスは協力するか黙認していた。ある程度、話が進んだところで、違法資金の疑いがあるという理由で戦略的に止めた。今、凍結している。しかし、やがて時が来て、金正日総書記が本当に亡命するときになったら、日本やアメリカや中国に恩を売るために、この取引を続けさせて、金正日総書記をここに受け入れるつもりですね」

フランスには何度も前例がある。

パリを中心に、中東から逃げてきた旧王族が今もいる。しかもフランス政府にお金を納めたら、フランス国家憲兵隊が守ってくれる。

フランスはそういう国である。フランス国家憲兵隊はナポレオンがつくった何でもできるという集団ともいわれるが、実は独立総合研究所（独研）と一定の信頼関係がある。その強力なフランス国家憲兵隊が亡命者を守ってくれる。巨額のカネさえ出せば。

金正日総書記はもともとパリが大好きだから、この事情をよく知っている。

中国に亡命したら一生飼い殺しだが、パリに行ったら、彼の好きな踊りも、ルーブル美術館も、おいしい食べ物もある。売春婦もいる。金正日総書記にとっては最高の亡命先だ。

「つまり、そういうことですね。フランスはパリの魅力も利用して、いざとなったら、そうやって国際社会に恩を売るつもりですね」とわたしは聞いた。

答えはすべて「ウィ」。

米国防総省が用意した亡命先

一方でワシントンで会ったアメリカ国防総省当局者によると、実は、金正日総書記はカンボジアでも亡命先を用意しているという。アメリカは、カンボジアの亡命先を仲介した女性まで知っている。

中国も依然として亡命先の候補地だろうが、パリ、カンボジアも含めて三カ所を金正日総書記が亡命地として用意している。金正日総書記は保身の天才だから、一方で核実験をやり生存の道を図りながら、一方で逃げ場も用意している。

そして北朝鮮はまだ中国が支援している。中国の裏支援があるから、制裁も効かない。こう書くと北朝鮮がずっと生存していくように見えるが、上海万博が終われば、アジアに大きな変化が始まる。それも、こっそり始まる。

わたしがずっと心配しているのは、「空梅雨のあとの大雨」である。

わたしは記者時代も、三菱総研に入ってからも、東欧諸国を回って悲惨な現実をたくさん見てきた。旧ユーゴスラビア紛争やコソボ紛争の戦地を歩いてきた。

たとえば、サラエボのサッカー場のピッチの上が全部死体の置き場になっていた。土からはみ出た半分だけの腕とか割れた頭とか足首のない足とか、真っ黒に焦げた大腿部《だいたい》とかが次々に眼に飛び込む。わたしはその死体の中を歩いて「ああ、なんてヨーロッパは悲惨なんだろう。アジアはこういうことを経験しないでほんとによかった」と、そのときは思った。

だが、すぐそれが浅はかだったことがわかった。

一九八九年にベルリンの壁が倒れると、翌九〇年には、東西両ドイツが統一した。その翌年の九一年には、ソ連邦が崩壊した。

ものすごいスピードの変化が起きるにつれて、ヨーロッパは、いわば自分で血を流して秩序の再編を図ってきた。秩序を再構築した。

つまり、空梅雨ではなく、ずっと雨の中を何とか生存してきた。だからEUも出来たし、東欧諸国もEUに入った。統一通貨ユーロも、だから誕生した。

やがてアジアに大雨が降る

では、その間、アジアは何をしてきたか。何もしてこなかった。

北朝鮮というわずか二〇〇〇万人の人口の中で最大では三五〇万人が飢え死にした。亡命したナンバー2の権力者だった黄長燁元書記がそう証言している。

これを一億二〇〇〇万の日本の人口に置き換えると、すでに東京都民と兵庫県民が全員飢え死にした計算になる。独裁者だけが、食べ過ぎて糖尿病と心臓病に苦しんでいるという国だ。

その国を、アジアは、七十年以上も、手つかずに残してきた。

それだけではない。内政不干渉をいわば口実に、中国の「社会主義の名のもとに貧者は病院にも行けない」という社会も全部、放置してきた。

つまり、アジアは冷戦の後の秩序づくりを何にもしてこなかった。

わたしは本気で、空梅雨の後の大雨が来るのではないかと心配している。

もしも金一族がいなくなったら、拉致被害者は全員、有本恵子さんも、横田めぐみさんも全部返ってくる可能性がある。どうしてか。

仮に金一族が亡命したら、その後の権力は朝鮮人民軍の集団指導体制になるだろう。緩やかな独裁体制になる。そのとき、前の金正日総書記体制を否定しなければならない。

北朝鮮の人たちはみんな、子供の頃から「金正日総書記万歳、金正恩委員長万歳」と言って育ってきた。その世代に、体制が変わったことを知らしめるためには、金一族の悪行を全部さらけ出すしかない。

そうなると政治犯収容所や、横田めぐみさんのように拉致被害者で囚われている人たちは全部表に出てくる可能性が極めて強い。

だから拉致問題の解決は、これしかない。金一族が亡命すること以外にはない。

一方で、そういう希望もあるが、同時に、大雨のようなカオス（混沌《こんとん》）になるおそれがある。

フランスは中国に空母を売りたい

ヨーロッパについて一番、要注意なのが、フランスと中国、あるいはフランスと北朝鮮の非常に濃い特殊な関係である。フランスは民主主義の故郷だが、徹底したリアリストでもある。いつも自らの利益のために動く。

以前、パリに行って、フランス国防省やフランス海軍と丸一日、怒鳴り合いの議論をしたことがある。

その議論のテーマはたった一つ、「中国に空母を売るな」

フランス国防省、フランス海軍、そしてフランスの産業界は中国に空母を売ろうとしていた。実際にフランスが売ろうとしている空母が東シナ海に浮かんだら、明らかに東シナ海の軍事情勢は一変してしまうと当時のわたしは懸念していた。

同じ民主主義国家としてフランスは中国にこんなものを売ってはいけない、と言った。

だがフランス人は、四の五の言って、認めない。

向こうはムキになって「フランス製の空母が中国海軍の空母として浮かんだからといって東シナ海の軍事情勢は変わらない」と無茶なことを言う。変わるに決まっている。当時から中国は自主建造をしたいと言っていた。フランスの当初の目論見は外れたかに見えるが、中国は自力だけで自主建造できるはずがない。おそらく形だけの話になると考えた。

日本の新幹線を国産だと言っているように、空母も国産と言いながら、本当はフランスが全面協力することもあり得る。

フランスも、自国の関与が表に出ないのなら、そのほうが助かる。なにしろ実利の民族である。実利の民族だからこそ、芸術が好きなのだ。普段、実利しか考えてないから、たまには芸術のことを考える。だからルーブルがある。ルーブルへ行ったら、ほとんどの絵が妄想で書かれている。わたしも大好きな宗教画は、ある側面ではほとんどが妄想の世界である。

フランスと中国の軍事的協力は、さらに深く潜って進行していると思わざるを得ない。

サルコジ大統領（当時）という親米派の大統領が出たから、少し歯止めがかかるように見えるかもしれないが、サルコジ大統領は軍部に足がかりを持っていない。

そう考えると、軍部と国防省を中心とした中国との連携は水面下では強まると考えなければいけない。

だからこそ金正日総書記のパリ亡命というシナリオが確実にあった。金正日総書記を中国が排除するときに、日米が協力してくれなくても、フランスが協力してくれればいい、ということになる。

空母だけではなく、フランスがアメリカに対抗する独自技術、たとえばフランス独自のステルス・システムや、エグゾセという優れた対艦ミサイル、あるいはミラージュという優れた戦闘機、そういう最新鋭の軍事技術が、中国に、名前を変えて入っていくのは非常に深刻な問題である。

ヨーロッパは、平和的なEU、優しいEUというイメージがあるが、実はこのようなしたたかな存在をコアに抱えた存在だということを、しっかり見なければいけない。

米中関係は変化する

そして日本が考えなければいけないのが、アメリカと中国の関係である。

実は、アメリカの外交政策は、常にぐらぐら揺れている。そういう国だということを考えなければいけない。

それは中東政策を見ればわかる。アメリカの中東政策は、ぐらぐら揺れている。

たとえば、ムスコ・ブッシュ大統領（当時）の肝煎《きもい》りだった「ロード・マップ」（平和のための行程）は一体どこへ行ったのか。

イスラエルとパレスチナは仲良くしてくれと言ったり、イスラエルがパレスチナをつぶしてもいいと言ったり、エジプトを頼りにすると言ったり、シリアを巻き込むと言ったり、四分五裂、ぐらぐら曲がる。

中東だけの問題ではない。

むしろ中東は、イスラエルという変わらないプレイヤーがいるから、本来、政策が変わらない。イスラエルはアメリカのメディアと金融を握っている。だからイスラエル寄りの姿勢が普通なのに、それでも、ぐらぐらする。

ということは、対中政策も、対印政策も、対欧政策も何もかも、アメリカの外交は揺れるということを知っておかなければいけない。

対日政策は、実は一番揺れ幅が少ない。かつて日本が本気でアメリカに刃向かったからだ。

アメリカ人はそういう相手を信用する。アメリカ太平洋艦隊に本気で刃向かったのは日本の連合艦隊だけだ。

だから、海上自衛隊にだけ、最新鋭のイージス・システムを供与してくれる。アメリカ人は、そういうわかりやすい人たちでもある。

特に対中政策は揺れている。十四億ものマーケットがあって、マイクロソフトをはじめIT関連を別にすると、アメリカがいちばん売りたい製品は穀物である。中国は電化製品も欲しいだろうが、十三億、十四億、十五億と人口が増えていくのだから、とにかく食べ物が欲しい。

アメリカにとっては、あの巨大マーケットはものすごい魅力だと思う半面、共産主義独裁の手伝いをするのはおかしいという気持ちも出たりする。出たり引っ込んだりするから、政策がぶれる。

アメリカと中国を考えるときに、固定的に考えてはいけない。

たとえば、クリントン大統領が八日間中国に行って、日本に来なかったからといって本当は、慌ててはいけない。アメリカはいつもそうやって揺れる。日本は中国に対して、いつも一定の政策を取り続けることによって、同時にアメリカに対しても軸をぶれさせない戦略を採らねばならない。

アメリカと日本の関係は比較的安定していて一番揺れが少ないのだから、アメリカの対中政策を日本の揺れない軸に惹《ひ》きつけていくやり方が大事である。

それが今は逆になっている。アメリカは中国に対してこうだから、日本はこうと、揺れてしまう。

アメリカの外交はしっかりしているという思い込みをやめることだ。

わたしの家系まで知っていた中国軍大佐

わたしには忘れられない体験がある。

西暦二〇〇五年四月五日の反日暴動があった直後、北京で、かつて中国の五四運動記念碑の近くで、たまたま中国海軍の優秀な大佐と話したことがある。

そのときに、東シナ海の問題で怒鳴り合いをした。こちらは「調査船を出す」と言い、向こうは最初、型どおりのことを言っていた。型どおりというのは、中国の公式な主張である。

すなわち「中国大陸から伸びた大陸棚が続く限りは中国のものだ」と。

念のために言えば、国連海洋法条約で言っている「大陸棚」は、別に大陸から出ようが、日本列島から出ようが構わない。一定の地上部分から出た浅い部分は全部「大陸棚」と呼ぶ。

だから、日本からも大陸棚は出ている。だから、日本は双方の大陸棚がぶつかる地点を中間線と言っている。

これは国際法上からも完璧で、中国の主張が通ることは絶対にない。通ることはないが、中国は、沖縄の西方トラフ、つまり沖縄本島のすぐ西の浅いくぼみまで中国の大陸棚だと主張している。

そこで怒鳴り合いをしていたら、その海軍大佐が、「青山さん、もう言いますけどね、西方トラフどころじゃない、沖縄本島のことを、われわれは本当は考えているんだ」と言う。

それで、わたしは「こいつ、本音が出た」と思って反論しようとしたら、「青山さん、ちょっと待ってください」と言う。そして「わたしはより、客観的なことを言おう。青山さん、あなたは沖縄の首里城に何回も行っていますね」と続けた。わたしが行っているのを、どうして彼が知っているのか。なぜか全部、知っている。

「青山さん、あなたは首里城に何度も行っていますね。首里城の石垣、よくご存じですよね。青山さん、石垣を触っていますよね」と。

そう言えば、たしかに触っている。わたしは世界中どこに行っても、建造物をはじめ現場のもろもろを触って、感覚を身体に残して帰ってくる。だから、世界中のことが身体に沁《し》みている。首里城の石垣は、きれいな中国風の曲線である。大和の文化とは違う。

さらに、その海軍大佐は、「ところで青山さんは姫路藩ですよね」と言う。

これも驚いた。たしかに、わたしは生まれは神戸市だが、家はもともと姫路藩である。そして「世界遺産の姫路城、石垣をご覧になっていますよね。そこで育ちましたよね。城の近くの淳心学院という中学、高校へ行きましたよね」と言う。

これもそのとおり。

その上で、こう言った。

「姫路城をはじめ日本の城は、全部石垣が直角ですよね。ところが、首里城だけが丸いですよね。あれはわが明《みん》のものです。青山さんはいろんな講演で、祖国とは文化だと言っていますね。首里城の文化は中国のものですよ。ということは、沖縄はわれわれのものです」

これが中国の狙いだ

そこで「君たちが言っているのは、つまり明の時代に中国を戻すということか」と聞いたが、彼はそれには答えない。

日本の評論家の方々は、「中国の目的は清の時代の領土にすることだ」と言っている。だが、清は女真人（満州人）の国だ。だから漢人は辮髪《べんぱつ》を強いられていた。

毛沢東が最初に掲げたのは共産主義ではない。漢民族の復興である。漢民族の団結、復興のためにはマルクス・レーニン主義が好都合と思ったから取り入れた。だから、いまだに共産主義は借り物なのだ。

毛沢東は自分の通っていた学校で、辮髪をハサミで切り落とすことから革命運動をはじめた。

中国の本当の狙いは、清の時代に戻すことではない。漢民族が支配していた明の時代に戻すのが目的なのだ。

明の時代、琉球王は明の皇帝に冊封されていた。だから、中国は本気で狙っている。ガス田を掘ってもそれは中間地点、通過点だ。彼らにとっては、沖縄本島もすべて中国のものなのだ。

中国はいずれ我慢しきれなくなる。まだ実は海軍も弱いし、空軍も弱い。地域にアメリカ軍もいるから、我慢してきたが、いずれ我慢しなくなる。

彼らは子々孫々のことを考えている。五十年、百年後には、沖縄は琉球と名前を戻して、中国のものになっている恐れが現実にある。

日本列島、日本の本土は中国の属領にしなくても、沖縄は自分たちのものだ。そう中国人は思っている。

沖縄で女学生の遺骨を眼にした衝撃

だからわたしは沖縄で講演するときに必ずこう、申す。

「わたしたちは沖縄を見捨てない。沖縄を永遠に守る。与那国島も波照間島も全部守ります」と。

するると、反戦沖縄の空気も強い聴衆から、拍手が起きる。

二十六歳のとき、共同通信に四月に入社して、その四カ月後に初めての夏休みが来た。そのときに沖縄の戦跡をこの目で見ようと、生まれて初めて沖縄に行った。沖縄の南部戦跡を回った。みんなが飛び降りた摩文仁の丘や、有名な「ひめゆりの塔」にも行った。そのために個人タクシーをチャーターしていた。

わたしがあまりに南部戦跡を熱心に回るので、その個人タクシーの運転手が、「お客さんは若いのに、こんなところばかり回って……どういう仕事の方ですか」と聞いてきた。わたしは、「実は記者になって四カ月目です」と答えた。そうしたら「それなら、話が違うんだ。観光地とは違うところを回りましょう。みんなが忘れているところ、わたしたち沖縄県民も忘れているところへ行きましょう」という。

そこで「ひめゆりの塔」から、そう遠くないところにある「白梅の塔」に連れて行ってくれた。

有名なのは「ひめゆり」だけだが、「ひめゆりの塔」と違い、白梅の塔は観光地化されていなかった。自決した当時のまま、ほとんど何も変わっていなかった。硫黄島と同じように何も変わっていない自決壕《ごう》があって、その横に、自然の石をそのまま立てたような、小さな塔があった。

これがわたしの原点だ

運転手さんがその塔の裏に回ったら、赤く錆びた鉄の扉があった。鍵はなかった。運転手さんが開けると、その中に、腕の骨や大腿骨、頭蓋骨など、真っ白な（わたしにはそう見えた）女学生の骨が詰め込まれていた。

この世のものとは思えない白さだったことを強烈に覚えている。

それを見た後に、自決壕に降りていった。一番奥のじめじめしたところに、少女たちの気配がそのまま残っていた。あまり言いたくないが、そこで写真を撮ったら、お下げ髪の女の子がいっぱい写っていた。それも一人、二人ではない。

それがわたしの原点だ。以来、ここにお参りをしてきた。

沖縄の全日空系のホテルのツアーデスクの向かい側に本棚があった。

そこに沖縄の住民が当時書いたスケッチがあった。たとえば、看護隊の女学生が米軍のビラを拾ったために殺されたときの現場の絵。田んぼに出て、おばあちゃんのために働いていた女の子が、米軍のビラを拾ったために突き刺されて死んでいる絵。これは写真には残っていない。写真は米軍しか撮っていなくて、日本軍も住民も写真を撮る余力はなかった。絵だから証拠にならないというひともいるだろう。だが、わたしはわたしの責任において忘れない。日本軍には魂から沖縄のために戦った将兵がたくさんいらっしゃる。旧日本軍にも名誉はある。しかし、どんな組織にも跳ね上がりはいる。この現実もあったのではないかとわたしは考えている。

白梅の塔に集まってくださった沖縄県民と共に。

それが沖縄戦の悲劇的な本体である。

沖縄を守り抜くのが日本国民の義務だ

沖縄タイムス社から講演の依頼がきた。わたしはびっくりした。わたしのように軍事力をバックにした外交をやれと言う人間は沖縄からは講演に呼ばれないはずだった。わたしは共同通信にいたから、『琉球新報』と『沖縄タイムス』は加盟紙であり、その論調はよく知っていた。わたしの主張とは大きく違うことも書いてあるから、呼ばれることはないと思っていた。実際、それまで二十何年間、沖縄に通い続けても何の縁もできなかった。

それが突然、講演に呼ばれた。

そこで先述したように、「沖縄を見捨てることはしない、中国がやがて、五十年、百年後にこの島を呑み込もうとするのを防ぐために、わたしはわたしを捧《ささ》げて、沖縄のためにやってみます」と話した。

すると、拍手が湧いた。わたしは深く感激しつつ、意外の思いでもいた。

講演が終わったあとに、沖縄のある経済人がわたしのところにやってきて「青山さん、ほんとはみんなこんな話が聴きたかったんだ。みんな心配している。やがて沖縄は中国に飲み込まれ、ヤマトンチュはまた忘れていくのかと。しかし、沖縄は自衛隊に来てくれとか、守ってくれとは言えません。あなたのような話を待っていた」と言われた。

中国との関係を考えるとき、この沖縄、琉球の文化を日本文化の一つとして護るのは、われわれ日本国民の義務である。京都や奈良だけが日本文化ではない。海の文化、琉球文化を守り、戦争をしないで、二度と戦争の島にしないで護りきるのが、わたしらの五十年後、百年後のための義務なのだ。

わたしは、たとえば第一次政権当時の安倍総理にも「自分たちの国を五年後によくしようとするのも大事だけれど、腹の底では自分たちのことなんか、みな忘れられている百年後の日本を護るという気でいましょう」と伝えてきた。

中長期的な視野を持てというだけではない。わたしなりに生き方を考えて、公に尽くそうと思って、まず記者になり、そのあとシンクタンクの社長を不肖ながらやった。当時、政治家にも申していたのは、「自分たちが死んだ後の国を考えましょう。俺たちには何の利益もこない、名誉もこない。そういうことを魂の奥に据えて、この国の改革に取り組まなきゃ。だからこそ、百年後の沖縄を護るんです」という、つたない言葉だ。

中国人は国際ルールを破っているが、自国の未来を思っている。胡錦濤さんだろうが誰だろうが。

だから揺らがない。それをこのわたしたち日本国民は考えるべきだ。

ローマ法王が語った愛国心

わたしは日本人という言葉は、なるべくなら使わない。どうしてか。

日本人だけが日本国民ではない。生まれが北朝鮮だろうが、アメリカだろうがいい。日本国に帰化して、日本国民の義務と責任を果たしていれば、同じ日本国民である。だから日本人という言葉はできるだけ使わない。ただし帰化せずに永く住んでいるだけでは日本国民ではない。選挙権もない。

そのうえで日本だけではなく、中国の人々も、朝鮮半島の人々も、それからベトナムの人々も、もちろん日本国民を含めて、アジアにおける愛国心ということを考え直してほしい。

いま、アジアでいう「愛国心」は本物の愛国心ではない。それは排他主義だけだ。あるいは単なるうそだ。

たとえば「万里の長城は平和主義の象徴だ」と言う。それもうそだ。事実は先述したように違う。

本物の愛国主義とは何か。わたしはキリスト教徒ではないが、亡くなったヨハネ・パウロ二世に学びたい。

ヨハネ・パウロ二世はポーランドの農村から出ていって、バチカンで法王になった。法王になって何をしたか。故郷ポーランドに行って、当時の「連帯」のワレサ議長に会って、「ワレサよ、立ち上がれ」と言った。「共産主義から、このポーランドを解放するために立ち上がれ、それが愛国心だ、わたしは愛国者だ」とヨハネ・パウロ二世は言った。

「このポーランドが共産主義のくびきにいるかぎり、ポーランドの人民は幸せになれない。愛国者とは戦う人のことを指すのだ」と言った。だからワレサさんは立ち上がって、自主管理労組「連帯」を背景に闘った。ポーランドの社会主義が壊れ、大きな発火点になって、東欧は民主化されていき、共産主義の巨大なくびきから逃れて、やがてソ連邦の人々も共産主義から逃れることができた。

のちの一九九一年のソ連崩壊は、ヨハネ・パウロ二世のその言葉からはじまっている。すなわち、自分の国のことだけ考えるのが愛国心ではない。排他主義になってはいけない。

まさしく「連帯」して民主主義をつくる。普通の人がお互いを大事にして、普通の人が主人公だというのが民主主義だから、それを掲げるのが愛国者だと、ヨハネ・パウロ二世は言った。

もう一つ、日本と違うのは、平和主義とも違う。日本が言う平和主義とは違う。平和とは戦って勝ち取るものだと、ローマ法王は言った。

このアジアで「愛国心」を言うときに大切なことは、民主主義という共通の価値をアジアで創るにはどうしたらいいのかということだ。

中国で「一人っ子を強要され、一人産んだ女性はその後、子供を産めないように警察官に腹を蹴られたり、いきなり棍棒《こんぼう》で殴られて連れていかれて、麻酔をかけられて不妊手術を受けさせられた」という証言も出ている。チベット人、ウイグル人にはもっと激しい「民族浄化」が加えられている。

そういう国でいいのか、それを中国の内政問題と言っていいのか。日本だけよければいいのか。

本書で、中国のことを考えることによって、わたしたち日本国民のことを考えようと言ったのは、まさしく、そういうことなのである。

わたしは三菱総研の研究員時代にポーランドを訪れ、レンタカーを運転して、道に迷った挙げ句に偶然、ヨハネ・パウロ二世の故郷の村を探しあてた。

村の一角のお花畑にたたずみ、この本を書こうと最初に決めたのだった。

第九の章　日本がすべきこと

カンボジアの最大の悲劇

わたしは今、ラオスで、この章を書いている。

ラオス時間で西暦二〇〇八年二月二十一日木曜の未明三時半すぎ。近くの農家で、気の早い鶏がもう鳴いた。

このラオス北部は、ずっと昔の日本の農村に戻ったかのような、いや日本昔話の世界に入り込んだような、不思議な懐かしさがある。

仕事柄、たくさんの国々を歩いてきたが、ラオスに入ったのは初めてだ。

今回は、ラオスだけではなくカンボジアも初めての入国である。

インドシナ半島で打ち続いた戦争が終わったあと、ラオスもカンボジアも世界から忘れられたように消息を聞かなくなった。

アジアに忘れられた国がある。それだからこそ、入ろうと思った。

かつてはラオスもカンボジアも連日、世界のメディアに登場し、日本でも関心を持た

東南アジア

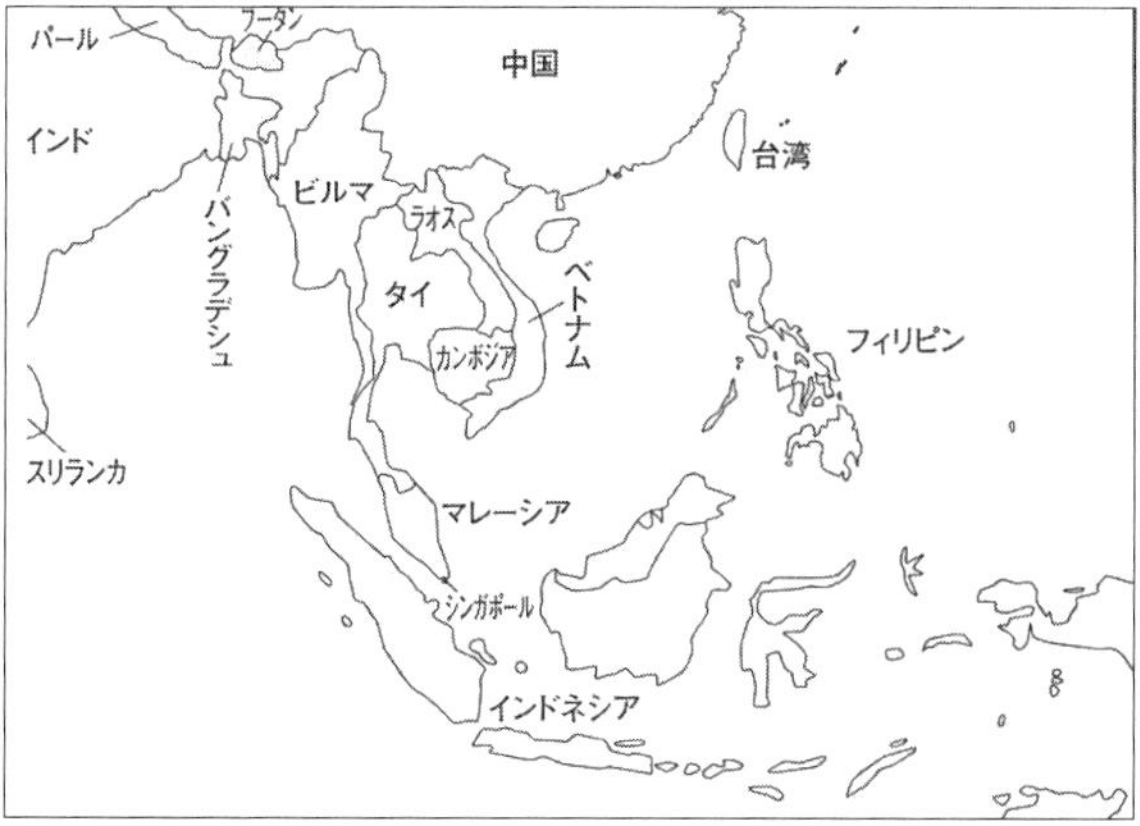

れていた時代があった。

それは戦争とジェノサイド（大量虐殺）の時代である。

第二次世界大戦のあと、ベトナム、ラオス、カンボジアの東インドシナ三国を植民地にしていたフランスとの独立戦争がまずあった。

天才軍略家であったホーチミンを擁するベトナム軍が先頭に立ってフランス軍を叩《たた》き出すと、次に入ってきたアメリカ軍と戦うベトナム戦争が勃発した。

そのアメリカ軍を側面から攻撃するためにベトナム軍が、西の隣国カンボジアに侵入し……と戦争ばかりが続いた。

ついには、カンボジアのクメール・ルージュ（カンボジア共産党）が二〇〇万の自国民を惨殺する二十世紀史上でも最悪の悲劇も引き起こした。

日本が忘れ、中国が忘れない国

クメールとは、クメール人のことであり、それはカンボジア人の由緒正しい、ほんらいの呼び名だ。

あの壮大なアンコールワット遺跡を造営したアンコール王朝は、このクメール人が九世紀に樹立した。クメール語で、アンコールとは「偉大な」、ワットとは「寺」を意味する。

クメール・ルージュ、すなわち植民地当時の言葉であるフランス語で「赤いクメール人たち」と呼ばれたカンボジア共産党は、中国の毛沢東主義を信奉し黒服に身を固めた農村出身の男、ポルポトが党内を掌握した。

ポルポトは、中国人民解放軍の軍事顧問団を招き入れて軍事力を強化し、アメリカの秘かな支援も受けた。

中国もアメリカも、「社会主義か資本主義か」よりも、ベトナムの勢力拡張を阻止したい思惑で共にポルポトを支えたのである。

ポルポトは、その大国の力を頼みに、カンボジア全土を独裁下に置くと、国内で権力を確立、ベトナム軍の撤退を実現した。

ところが、その後に中国の毛沢東主義を狂信するような「農本型の原始共産主義」とも呼ぶべき極端な独裁体制を敷き、自国民を知識人も農民も無差別に殺害して、潰れた。潰れて、平和を取り戻したら途端に、世界から忘れられたのである。

地球には、このように忘れられた国がある。

その国をだからこそ戦略上の要衝と考えて接する大国と、世界が忘れたのだから自分も忘れていいと軽く考える大国がある。前者が中国、後者が日本だ。

日本はお金を渡すだけでよいのか

わたしは前述したように西暦二〇〇八年二月、インドシナ半島に入った。

まずタイの首都バンコクを訪れ、そこを拠点にカンボジアやラオスをめぐった。この両国に世界遺産はあり、観光地としてはよく認識されているが、国家として何をしているかは、ほとんど意識されない。

もう一度申せば、カンボジアがキリングフィールドと呼ばれたように、ラオスを含めて虐殺や戦乱の両国であった時には世界が注視したが、平和になると皮肉にも忘却された。

バンコクで日本大使館を訪ね、インドシナ全体に責任を持つ一人の高官に聞いた。

「ラオスは、今もパテトラオ（ラオス愛国戦線）の流れを汲《く》む、共産主義の一党独裁ですか」

きわめて初歩的な質問だが、わたしは現在のラオス人民革命党の一党独裁は旧態依然の社会主義か、それとも内奥では何らかの変化があるのかを問うたつもりだった。

キャリア外交官の彼は答えた。

「聞かないでくださいよ、青山さん。知らないんです。ま、近く視察に行きますから、その時までに勉強しますよ」

彼はまさしく何も知らないと、平然と語ったのだ。わたしは今さら驚かない。これが日本外交だ。敗戦後の日本外交は、戦勝国アメリカ、巨大マーケットの中国、そして日本に対しては声の大きな韓国、この三国以外は実際はほとんど関心を持っていない。だからこそ一人の民間人としてラオスやカンボジアに行かねばならない。そう思い直した。

そしてバンコクを発ち、両国に入ると、特にラオスで若い国民が多いことに強い印象を受けた。日本や西ヨーロッパとは異なり、若い労働力が溢《あふ》れている。

ラオスで農村を訪ね、まるで日本昔話でみる世界のようだと考えながら、でこぼこの細道を歩いていると逞《たくま》しい表情のガキ大将のような少年たちとすれ違った。

手に手に棒を持っている。

おやおや、喧嘩《けんか》でもやるのか。少女たちは垢《あか》まみれの衣服でも目を見張るほど清楚《せいそ》で、水汲みや赤ん坊の世話に懸命に働いているのにね、とちらり思った。

それから、窓ガラスもない教室に黒い瞳と笑い声がいっぱいの小学校などを訪ねて歩き、帰り道、先ほどのガキ大将たちが棒に荷を通して担ぎ、はっとするような凛々《りり》しい、しかし自然な表情で、少女たちの働き場へ走っていくのに出逢《あ》った。わたしは喧嘩と思ったおのれを大いに恥じた。

この子たちが学校へ行けず、大人になった時も勤勉かという現実もある。

しかし、それだからこそ日本はなぜ、こうした労働力を育てずに、中国にばかり工場を造ってきたのか。反日教育を受けて育った労働力に、なぜ依存せねばならないのか。

米国務省幹部によれば、その中国はラオスに対し、多額とも言えない援助金の返済を迫り、それをテコに「返済したくないなら言うことを聞け」と、ちゃっかり圧迫しているという。

多額のODAをラオスに供与しながら、カネを渡せばそれで良いだろうと忘れている日本とは対照的である。

ラオスへの援助は、二〇一一年から二〇一五年までの五年でみると日本が常にトップで二〇一五年が一億七百万ドル、たとえばアメリカが五位で二千五百万ドル、中国はベスト5に入ってこない。

インドシナ半島の中央にあり、中国など五カ国に国境を接するラオスは、日本が中国と対等でフェアな関係をつくるためにも地政学上の要衝だ。

日本国民ひとりひとりが考えよ

日本の企業家は、既存の中国の工場で朝令暮改のルール変更などをさせないためにも、こうした忘れられた国を歩いてみて、新しい進出先に加えてはどうだろうか。

外交とは役人と政治家だけがつくるのではない。

西暦二〇〇八年の四月三日、桜の美しい駐日英国大使館で、日英同盟の再構築へ向けた勉強会が開かれた。

その閉幕のあいさつに立った中川秀直・自民党元幹事長は、こう述べた。

「日本は憲法改正によってこそ、普通の国になる。アジア史は今、アヘン戦争からの歴史の終焉《しゅうえん》を迎えている。憲法を改正した日本と、中国の先進二強のアジアになる。その中国は、いずれ民主化する。それを手助けするのが日本である」

日本の政治家は、どこでも当たり障りのないあいさつしかしないから、少なくとも出席者に考えさせるあいさつをしたことは、わたしはフェアに評価する。

しかし、根本にかかわる間違いがふたつある。

ひとつは先進二強ではなく、先進三強である。インドが抜けている。単なる言い落としかも知れないが、日本の政治家の戦略観にインドが抜けているからこその、言い落としではないだろうか。

もうひとつの間違いは、言い落としでは済まない。

中国は民主化しない。民主化すれば、それは中華人民共和国の終わりであり、中国は分裂する。

民主化しない中華人民共和国か、分裂した中国大陸か、そのどちらかと日本は永久に隣国として付きあわねばならない。

政治家が間違っても、この国の唯一の主人公である、ふつうの国民、市民が間違わねば日本はまだチャンスがある。

終わりの章　希望の門

たとえば青森県の津軽を、講演で訪れたときのことである。

空港から車に乗って、収穫の季節が近づく秋の林檎《りんご》畑のなかをひた走り、会場へ着く。集まってくれた聴衆には、やはり高齢のかたが目立った。

数えるほどの若いひとは、首筋を伸ばして、わたしの登壇を迎える眼が、もうわくわくと輝いている。

しかし高齢の、とくに男性のかたはうつむき加減に、眼をかたく瞑《つむ》り、両の腕を組んでいるひとが多い。

「こんな若造の話を、やすやすと聞いてたまるか」という気骨の思いが伝わってくるひともいる。しかし「話を聞いても何が変わるわけじゃない」という諦めが、強張った肩のあたりに漂うひとが、ほとんどのように感じた。

わたしは、いつものようにまず、頭を下げた。

この会場に来られた理由、きっかけは何であれ、そして話を聴く前がどうであれ、わたしの話を聴くためだけに一度しかない命の時間を費やされる、その事実に、本心から頭が下がる。

講演の出番を待つ。

講演する（民主党の旧民社〔当時〕グループ撮影）。

社交辞令と受け止めてほしくないから、声には出さない。疲れているときでも元気をふり絞って「みなさん、こんにちは」と講演をはじめるだけだ。

そして、わたしなりに意を尽くして、語りはじめる。それだけが、来てくださった方々に応える道だ。

わたしは語り部が本職ではないから稚拙ではあるが、多い年では一〇〇回近く講演を重ねる（当時）なかで、いつも貫いていることはある。

それは、おのれの一方通行では話さないことだ。壇上から降り、聴衆のなかへ入って、問いかけ、答えてもらって一緒に考える。

そして、中国について話し、ともに考えることがぐんと増えた。

中国のことを話しているのに、つまりは外国のこ

神戸大丸の屋上にて姉と。この頃から母に「人のためにはいつでも刀を抜け。自分のためには決して抜くな」と教えられて育った。

とを話しているのに、その外国である中国にどう対峙《たいじ》するかを話しているだけで、高齢のかたの組んだ両腕がまず解かれる。そして首が持ちあげられ、背筋が伸び、やがてわたしは講演を続けながら、このひとびとの眼が輝いていることに気づく。

　若いひとの眼が輝きつづけているのも嬉《うれ》しいが、高齢のひとの眼が活きて光りはじめるのは、もっと嬉しい。

　わたしの話が巧みというのではない。

日本が中国と向かいあう道筋について、まっすぐ正面から考えることが、どうやら日本に生きる者の元気を引き出すらしい。

　それは、わたしが一方通行では話さず、聴衆と対話しながら話すことと、根っこで繋《つな》がっている。

現職の市長さんの会での講演で、「この国の主人公は誰でしょうか」と問うたと、この書の「始まりの章」で述べた。

そのときは対話形式の講演であることには触れず、質問し、つまりは不意打ちの質問であったことも述べた。市長は、ふつうの聴衆ではない。生活に忙しい、みなの代わりにものを考えていることも務めの一つだから、あえてそうしたのだった。

ある現職市長が、先に述べたように、「それは、天皇陛下です」と答えたとき、会場内には、実は、どっと笑いが湧いた。俺なら、そんなことは言わないよ、というように。

わたしは、笑うつもりは、さらさら無かった。いきなり当てられると、とっさに本音が出る。そして、その本音はよく理解できるからだ。

五年続いた中曽根政権から、五年半続いた小泉政権が現れるまでの、ざっと十数年は、次から次へと首相が登場してはさっさと消えた。なかでも、羽田孜首相はわずか二カ月、宇野宗佑首相は三カ月の在任であった。それでも日本社会が大きく揺らぐことはなかった。

デフレ不況に苦しみはした。しかしたとえば、ニューヨークの小さなドラッグストアの店主が夜更けに、『ウォール・ストリート・ジャーナル』紙を片手に、わたしに聞いた。

「奇跡のはずの日本経済は今、ずいぶんと悪いらしいじゃないか」

「うん、そうだね」。わたしは、徹夜で原稿を書くときに飲む水をまとめ買いしながら、答えた。

店主は、なんだか嬉しげに禿頭《はげ》のわずかな髪を掻《か》き上げて「そうだろ」と言い、「肝心なのは失業率さ。いくらぐらいだい」と続けた。

「四％台の半ばだよ」

店主は目を真ん丸くした。「なんだそりゃ」と大きな声を出し、釣り銭を渡すのも忘れて「やっぱり奇跡のままじゃないか」と続けた。

そのとき好況に沸いていたアメリカ経済でも、失業率が五％を割ることなど考えられなかった。

日本の社会に、確かに新しい苦しみはある。バブルからデフレーションへの一気の転落で、職も家も失った人々がいる。働いても働いても、どれほど真面目に働いても生活ができない「ワーキング・プア」と呼ばれる新たな貧困層も生まれ、もはや久しい。ワーキング・プアという用語をオールドメディアが使わなくなっても実態はより進んでいる。

経済だけではない。子を殺す親、親を殺す子のニュースに、わたしたちは次第に驚かなくなっている。なんということだろうか。

それでもなお、全体としての安定は世界の例外だ。仕事柄、世界を歩いているわたしの実感である。

失業率だけで、日本国民の仕事と生活をすべて推しはかることはできないが、嘘《うそ》の少ない、世界共通の指標であることも事実だ。

この安定の背後に、首相がどれほど代わっても、代わらざる権威の存在がある。二千年の永きにわたって、ほぼただ一系統で継続してきた天皇陛下である。

その意味で天皇陛下と皇室は、わたしたちのかけがえのない国民財産だ。だから市長の口からとっさに、国の主人公を「天皇陛下です」と言う発想が、口を突いて出たのだ。

この答えを聞いて、いちばん驚かれるのは天皇陛下ご自身だろう。これも初めに述べたように、昭和天皇であれ、上皇陛下であれ、今上陛下であれ、立憲君主制である日本の民主主義をもっとも深く理解されているのも、天皇だからだ。

この国の主人公は、どこまでもわたしたち自身、すなわち納税者であり有権者だ。

その主人公が、中国を考える。力をどんどん膨らませていくこの隣人とどう付きあっていくかを正面から考えると、なぜか元気になっていく。

それは、ふつうの日本国民が、二十一世紀のアジアは中国が覇権を奪おうとする世紀であることに、すでに気づいているからではないだろうか。

評論家や政治家のなかには、中国の意図が分からないとか、中国が覇権を目指していると決めつけるのは早計だという、あえて申せば賢ぶる議論も多い。

しかし庶民は、もっと真っ直ぐに見て、しっかりと気がついている。

国が敗れて七十年が過ぎ、それなりに日本型の民主主義を造ろうとしてきたわたしたちは、中国を情念で批判しようというのではない。むしろ中国の立場に立って考えようとしている。

それは必ずしも戦いを意味しない。平和と友好のアジアであってもなお、中国がアジアで唯一のヘゲモニー、すなわち絶対の優位を獲得しようとすることは、変わらない。

韓国はすでに、中国の覇権下に呑《の》み込まれつつある。韓国が、反日と反米の姿勢を強めていることについて、日本には先に述べたように「盧武鉉大統領（当時）の施政下でだけ起きた異常な事態」という受け止めかたが多かった。それは韓国の側からの視点、あるいは韓国の地政学を考えない、間違った解釈だった。

わたしがこの書でささやかに予言していたことは、文在寅大統領の登場で現実となった。

わたしたち日本国民が、幼いころから見慣れているアジアの地図を、考えてみよう。

朝鮮半島は、日本列島と中国大陸を結ぶ渡り廊下である。日本人は、この渡り廊下を伝って大陸に入り、シルクロードを経て、エキゾチックな中東と、先進の憧れの地であるヨーロッパに至る。

だから日本人はシルクロードの話が大好きだ。

しかし、この地図を上下逆さまにしてみよう。朝鮮半島は、中国大陸のまさしく小さな一部、突端だ。

また、中国からも朝鮮半島からも、人が太平洋に出ようとするとき、いつも日本列島が被さるように邪魔をしている。

わたしが頭で、こさえた観念ではない。

中国の共産党直系エリートや、韓国の陸軍将軍を含む友人たちから、北京やソウルで聞く、中韓の人びとの実感なのだ。

わたし自身を含む戦後の日本国民は、韓国を日本やアメリカと同じグループの仲間と考えることに慣れている。しかし、もともとは朝鮮半島のひとびとは中国の仲間なのだ。

長野に戻って、考えてみよう。

あの長野事件、長野聖火リレーの奇怪な現場で、チベット人に自由をと叫んだ市民のほんとうに多くのひとが、なんらの政治的背景も利害もなく、純に遠いチベットを思って手弁当で長野に文字通り、全国からはるばる駆けつけた。

このことも、日本国民が急にピュアになったのではなく、中国と朝鮮半島の現実を視て日本の主権者が初めて外国のことを我が事として考えるようになった、最初の表れではないかと考えている。

ちなみに、不肖わたしの胸にこのごろ去来する言葉は、一死一命である。

いっし、いちみょう。

もともと、こういう言葉があるのかどうかは不明にして、知らない。

ごく自然に胸の奥から立ち上がってきた言葉だ。

ひとつの死に、ひとつの命がある。

ただ、それだけだ。

私（わたくし）にこだわっても、空しい。おのれの命を次世代に繋ぐほかに、なにもないのではないだろうか。

わたしは四十五歳のとき、ペルー日本大使公邸人質事件で、それまでは天職と思っていた記者を辞めようと決意したとき「以下、余生なり」とおのれを定めた。

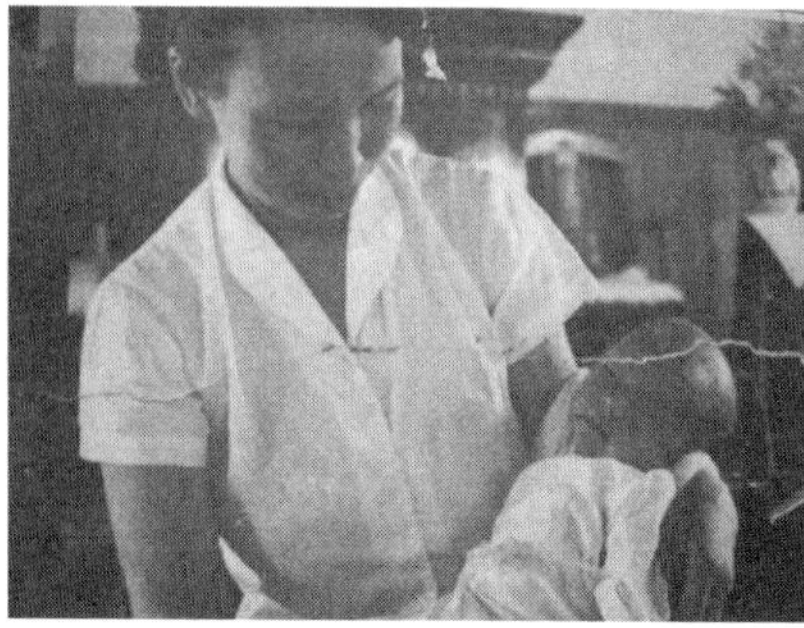

神戸の日本キリスト改革派教会で母に抱かれて幼児洗礼を受ける。拉致被害者の有本恵子ちゃんと同じく、この教会付属の幼稚園に、わたしも通った。

記者になったのは、本気で、世の中を良くすることに、わずかながら寄与したいと願い祈ったからだ。

記者を二十年近く続けても、その気持ちは変わらなかった。むしろ分厚い現実とぶつかって、気持ちが強くなった。

しかし一方で、特ダネをとりたい、特ダネをとって認められたいという私欲も芽生え、その欲は共同通信社という大組織でむしろ歓迎されたから、膨らんだ。

だからこそ、記者を辞めるに合わせて、決めた。以下、余生なり、と。

余生であれば、私（わたくし）は要らぬ。

ひとから見れば、馬鹿馬鹿しい思いだろう。そう考えている。謙遜して言うのではありませぬ。ひとからすれば、ほんとうに馬鹿馬鹿しい決心だろうなと、考える。

馬鹿な決心ではあるが、そう定めてから、この祖国に対する、おのれの姿勢が変わった。

なぜか祖国が身近になり、そのぶん、世界も近くなった。世の中を良くしたいと、いきむのではなく、なんらの結果を生まずともよい、ただただほんの少しだけ、次の生命に手渡すものを造りたい。

長野に集まった、名もなき人々と、わたしは同じ思いではないかと、祖国の滅びの門のまえに立って、そう考えている。

汝《なんじ》ら、その狭き門より入れ。

イエスの遺した、この言葉は、宗教も民族も超え、わたしたちに迫ってくる。

そして、この言葉を『葉隠』の「武士道といふは死ぬことと見つけたり」の言葉と重ねあわせると、滅びの門を、勇気と、正直なる怖れも持って真っ直ぐに仰ぎ見ることができる。

そこから、希望の門への、ただひとつ遺されている道がはじまるのではないだろうか。

わたしはほぼ毎日、飛行機に乗る時期があった。

そして海外の空港では決してありえないもの、涙が、思わずこの眼に盛りあがってしまうことがある。

飛行機が客を乗せ終わり、ゆっくりと重く滑走路へ動きだすと、小さな楕《だ》円形の窓から、深々と礼をする地上係員が何人も何人もみえる。

客はほとんど誰も見ていない。

誰も見ていないのに礼を尽くす労働者たちを、わたしは、この祖国のほかには世界のどこの国でも、ただの一度も見たことがない。

上司や客に見られているところで礼節を尽くすひとびとは、英国をはじめヨーロッパにしっかりと居るし、国が新しいアメリカでも、首都ワシントンDCの格式の高い社交クラブなどに、ずらりと居る。

だが誰も見ていなくとも、なんの反応も返ってこなくとも、それとは関わりなく、おのれの生き方として客に礼を尽くす労働者たちは、この国にしかいない。

日本国の伝統は、明らかにずいぶんと失われた。

しかし再興の基盤は、こうして働くひとびとの日々に、社会の隅にしっかりと残っている。


そして、わたしはまた日本の空港に戻ってくる。

巨きな機体をターミナルビルへと導く地上係員が、その役割を終えると、やはり深々と礼をする。ビルから、客を迎える蛇腹が伸びてくる。その先端にいる係員には、このごろ若い女性が増えた。航空会社に昔からいる美しい装いの女性ではなく、作業着を着た肉体労働者としての女性である。彼女たちも、ほんものの美しさで深く礼をする。

わたしは荷物を手元に持ち直しながら、胸の奥から熱いものが込み上げてきて、眼に盛りあがるものが、どうしても止めきれず、ぽたりと落ちることがある。

今のわたしは一人で行動することが、まずない。当時も独立総合研究所（独研）から同行者がついていたが、彼らに見られたらびっくりする。濡《ぬ》れた眼をかっこ悪く、どうにかごまかしながら、わたしはときどき思い起こす。

数年まえのロンドン、ヒースロー空港での記憶だ。

大西洋を越えてワシントンDCに向かうユナイテッド航空（アメリカ）の便に乗り遅れ、広いガラスのレストランで次の便を待っていると、ちらりちらりと春の雪が降ってくるのに気づいた。

もう春だからと気にせずにいると、機内に入るころには、十何年ぶりかの大雪になっていた。乗ったはいいが、まったく動きだす気配もない。


隣には南米ジャマイカの飛行機がいる。

そのジャマイカ航空機からパイロットとキャビン・アテンダント（スチュワーデス）がどんどんタラップから降りてきたと思うと、制服のまま、わいわい雪合戦を始めた。

雪はどんどん激しさを増し、これじゃ当分飛べないねと、雪が珍しいジャマイカ人はまずは愉しむことにしたらしい。

わたしは、隣に座っていたアメリカ空軍の黒人の将校と顔を見合わせ、やれやれ、これはまだまだ何時間もかかるぞ、とにかくフライトがキャンセルにならないように祈るばかりだねと話していた。

そのとき、たくさん重なりあっている飛行機の尾翼のその中を、すーっと一機だけ、抜けていくではないか。

その尾翼には、鮮やかに赤い鶴のマークがあった。

日本航空機だけが、滑走路の方向へ向かっているらしい。

わたしはまた、隣の将校と顔を見合わせた。

そして、いったん視界から消えた日航機の尾翼は、左の奥から猛速で再び現れ、右の奥で最後に白い機体の全容を一瞬だけ見せて、重い灰色の雪空へすかっと飛び立っていった。

なぜ一機だけ飛べるんだ、われわれの飛行機はどうなっているんだと、アテンダントに聞いていると、今度は青い尾翼がすぅーと視界をよぎる。

全日空機だ。

誇り高きアメリカ空軍のオフィサーは叫ぶように、わたしに聞いた。

「日本の機は、いったいどんな魔法を使っているんだ」

知らないよ、わたしも、びっくりなんだから。

ただ、むやみに気持ちが明るくなった。おのれの乗った飛行機は凍りついたままなのに。

それから何時間も経ったあと、今度は窓の外に、なにやら原始的な雰囲気の大きなマシンが現れた。

ひとりの係員が巨大なシャベルを動かし、そいつで機の車輪のまわりをガジガジとこすり、雪をどけている。

パイロットの嬉しそうな英語のアナウンスが響いた。「みなさん、いま障害がなくなりました。これでわれわれは滑走路に進むことができます。滑走路は除雪されていますから、すぐに飛びあがることができます」

そしてアメリカを代表するユナイテッド航空の飛行機は、五時間遅れだったか、とにかくたいへんな遅れで大西洋へ向けて飛び立った。

なぜ日本の航空会社だけ、飛ぶことができたのか。

その答えは、やがて分かった。

諸国のすべての飛行機が、雪を削るマシンが来るのをじっと待っているあいだに、日本の飛行機だけ、パイロットやアテンダントが総出で、自分たちで雪を削り、車輪を動かせるようにし、融雪設備のそなわった滑走路まで動いていけるようにしたからだった。

誰も見ていなくとも礼節を尽くす地上係員たちと、この空を飛ぶ搭乗員たちは、おなじ志を持っている。

そして、時にはとぼとぼと、あるいはよたよたと世界を歩いてきた実感として申したい。

これは、わたしたちの日本国だけにある、再興への素晴らしき根っこである。

日本族とは永遠に呼ばせない

七夕かぁ。

十一年以上も前の暮夜、そう呟《つぶや》いた。

「日中の興亡 Japan and China to Rise or Fall」の初版を世に問うたのが、西暦二〇〇八年の七月七日のことだった。ようやく生みだした書物、その第一版の奥付を見るのは物書きのひめやかな愉しみだ。

そこに七夕の日付が刻されているのを、ちいさく喜んだ。子どもの頃に読んだ御伽草《おとぎぞう》子《し》のひとつを思い出していた。

日本人は鎌倉時代の終わりから江戸時代まで長い時をかけて短い絵入りの物語、御伽草子を作ってきた。

見つかっている百ほどの物語のなかに天稚彦、あめのわかひこがある。長者が大蛇に三人の娘のなかから嫁を寄こせと迫られ、末娘だけが両親のためならと嫁ぐ。すると大蛇は美しい男子となり、やがて天に昇る。追いかけた姫は、夫の父である鬼に、年に一度だけ逢う夫婦にされてしまった。

わたしは世界の童話を読み漁る子どもだったから、ガチョウに乗って空を旅するニルスから、馬鹿と言われつつみんなを幸せにするイワンまで諸国の登場人物を大好きになったけれど、この日本のこゝろ優しい末娘は、もっとも思い出に残ったひとりだった。

そしてわたしは子どもの頃に願ったとおり物書きになった。

なっていながら、不可思議な義務感に突き動かされ世の中を良くする手伝いをしようと記者になり、そのあと外交・安全保障や危機管理、さらに資源エネルギーの専門家の端くれになり、それらすべての仕事を同時進行にて抱えたまま国会議員にもなってしまった。

文章を書けるのは揺れる車中や国会審議の始まる数分前といったスキマ時間だけであっても、辛うじてプロフェッショナルな物書きでいる。

そうやって、どうにかこうにか生み出す書物のうちの一冊、「日中の興亡」の発刊日が七夕だった。発刊日というのはある意味、形式上の日付であって、書が実際に本屋さんの店頭に並び始める日とは違う。それだからむしろ正式な発刊日として確定する。七夕がそうなることに豆粒のような幸せを感じた。

あの哀切で愛しい末娘が、夜空からちらりと袖を振ってくれたかのようだった。

わたしがほんとうに書きたいのは、御伽草子のような短編からドストエフスキーのような長編まで、物語だ。実はノンフィクションは、物書き以外の仕事と同じく不可思議な義務感に突き動かされて書いている。

末娘が両親のために怖ろしい大蛇と結婚する。末っ子のわたしには、幼い頃から、ふしぎな共感があった。その自分をいいと思わなかった。いい予感がしなかった。そして表ではどう見えようと胸の裡《うち》では、その予感通りに、ほぼ無駄な苦闘ばかりの人生を送ってきた。しかし誰にとっても、どなたにとっても、恐らくは人生は苦渋に満ちている。

それぞれの苦しみから、いくらかでも民を救い、護り、ひとがひとを赦《ゆる》せる世をつくるのが邦《くに》、国家ではないだろうか。

世界とアジアは今、国ならざる国に苦しんでいる。

ほんとうは、こう申したくない。不肖わたしは世界のあらゆる主権国家を尊んでいる。ギリギリのところまで、その主権と尊厳を重んじる。そうでなければ、祖国の主権と尊厳を護る資格がない。

同胞を奪ったままの北朝鮮と、非道が過ぎる現在の中国に対しても変わらない。

同時に、アメリカを含めどんな強権国家にも日本の国会議員として、今を生きる作家として、言うべきを言い、行動すべきを行動する。

国ならざる国とは、独裁の弊によってあまりに刺々《とげとげ》しく変質している国を言う。

中国で申せば、習近平国家主席という毛沢東になりたい独裁者の支配の強化によって、留《とど》まるところを知らない人権と主権の蹂躙《じゅうりん》が起きている。

チベット人、ウイグル人、モンゴル南半分のモンゴル人、そして香港の市民が直接の暴力に日々、晒《さら》される。

香港の叛乱は、ほんとうは広東省などにも波及し始めている。ほとんど報道されないが、これは習体制に漢人もまた苦悩している事実を物語る。そもそも天安門広場に今も、美化された毛沢東主席の肖像が掲げられていることを苦痛に思っている漢人が、わたしの知り合いに何人も居る。

しかし、ひと言も言えないそうだ。なぜなら習近平主席が前述のように現代の毛沢東になろうと欲しているから。

「かつてのイメージの毛主席ならともかく、今は個人の妄執《もうしゅう》、権力欲のために文化大革命を起こしてどんなに少なく見ても千万人以上、説によっては三千万人とも四千万人とも言われる同胞を死に至らしめた人だと誰もが知っている。それがなぜ、清らかな表情で天安門に居るんだ。彼を肯定しないと、習近平国家主席がその再来になれないからじゃないか」

英語でこう語ったひともいる。

この人はこう続けた。

「現代に文革をもう一度やることは無い。しかしもっと巧妙に、もっと徹底的にマオイズム（毛沢東思想）を習主席の終身独裁のために復活させるんじゃないかとみんな、怖れているよ」

わたしが「たとえばデジタル人民元もそのひとつだね」と聞くと、深く頷いた。

中国政府は「世界初のデジタル通貨を発行するのは我が中国」と公言している。この場合のデジタル通貨とは、フェイスブックが発行を狙っているリブラや、すでに一部で流通しているビットコインとは違って、国家が責任を持って送り出すデジタル通貨だ。日銀や政府をはじめ、日本にはデジタル人民元に対し楽観論が強い。「デジタル通貨を裏打ちする国家の信用が、中国は地に墜ちつつある」（財務省の知友）、「アメリカもデジタル・ドルの発行には消極的だから」（安倍総理の側近）というのが楽観論の根拠だ。

だが不肖わたしは、デジタル人民元は大きな脅威だと当初から考えている。

そもそもデジタル技術は広く民衆に恩恵を与える可能性を持つ半面で、独裁者に悪魔的なまでに好都合な技術でもある。

デジタル人民元を実行すれば、あらゆる取引、税の徴収などマネーの動きを独裁者ひとりが管理し、情報を独占することが実現する。

口座が必要ないから途上国にあっという間に普及する可能性もある。習近平国家主席が中国だけではなく途上国を中心に世界のマネーを独占管理することに繋がりかねない。

デジタル人民元の裏打ち？

中国に独裁と、十四億を確実に大きく超える人口がある限り、経済が悪化しても税金は取り立てられる。その税収が裏打ちだから、中華人民共和国が崩壊しない限りは、裏打ちはある。

そしてアメリカは実際は、デジタル・ドルの研究、検討を密かに行っている。

呑気なのは、例によって日本政府と日本銀行である。

デジタル円を発行するかどうかも視野に入れるべきだし、何より、中国の脅威が奔流、いや巨大な濁流のように、しかし音を見事に消して変容しつつあることに意識を向けねばならない。

わたしも一員である国会と、わたしが与党に居ても入ることはない政府と、そして主権者のいずれもが、それを時代から求められている。

そうでないと、その濁流に日本が真っ先に呑み込まれかねない。

韓国が先？

それはあり得る。しかし韓国というより朝鮮半島はもともと数千年にわたり大陸、中華に膝を屈してきた。だからこそ、日本にだけは屈していないというポーズをとりたい。

日本が呑み込まれるとしたら、人類にとってまったく意味が異なる。

日本は朝鮮半島とは逆に、聖徳太子の時代から「日出《ひい》づる処《ところ》の天子、書を日没《ひぼっ》する処の天子に致す。恙無《つつが》しや」と対等を強調する手紙を堂々と隋の皇帝に送った国である。

聖徳太子は実在しないと主張する学者も少なくはないが、近年、実在の証拠も見つかり始めている。しかしここで実在か虚像かを論じようとしているのではない。虚像ならむしろ余計に、理念として日中の対等が主張されていることになり、日本国の根幹のあり方を示している。

日本が習体制の中国に実質的に呑み込まれようなことが起きれば、古代から守られてきた対中独立の重要拠点が喪われることになり、世界への影響は深甚だ。

現代の書物は、表紙の上に帯が巻かれることが多い。その帯の言葉を編集者に書いてもらうことはしない。わたしは「日中の興亡」の帯に「中国に日本族と呼ばせないために」と記した。

このひとことに、意外なほど強い反響が寄せられた。

たとえばチベット人はチベット人であり、チベット族ではない。チベットという国の主権者が、あたかも漢人の領土に住まわせてもらっている部族のように扱われている。

誰に。

日本の報道機関の記者とデスクと政治部長、経済部長、外信・外報部長、社会部長、文化部長らによってだ。

だから今はこう考える。「中国に日本族と呼ばせない、のではなく、日本人がみずからを日本族と称して中国共産党に首を差し出すように冊封《さくほう》されるか支配される未来を招かないために」が、より正しかったのだ。

それから十一年以上の日々が重なり、令和の時代となっている。

日中興亡史を生きるわたしたちの現在に、いったい何が起きているか。

祝祭にあふれた令和元年において、あろうことか安倍晋三総理は習近平国家主席を国賓として令和二年の春に日本へ迎えると国民に伝えた。

習近平主席はもはや、単に隣国の首脳ではない。

香港の無惨なにんげん抑圧の黒幕、それも巨大な黒幕として世界の満天下に知られ、ウイグル族ならざるウイグル人からムスリム（イスラーム教徒）として生きる権利を残酷に奪っている張本人、いや冷静に申せば最高責任者として、中国は全否定するが世界から指弾されている。

チベット人に漢人との結婚を実質的に強いることや、戦いを知らず天性の平和の人々であるチベット仏教徒に中国軍の圧迫をもって棄教を迫り、おぞましい民族浄化のごとくチベット人を消し去ろうとしている、これも張本人、いや最高責任者と世界から見做《みな》されている。

さらにモンゴル人を暴力で南北に分断し南モンゴルの人々から民族の誇りを奪っている。これまた張本人、いや最高責任者として世界中からたった今、批判されている。

さらにはウイグル人、チベット人、南のモンゴル人、法輪功を信じる漢人あるいは死刑囚らから臓器を取り出して売買するという、ここに書くのもおぞましい惨事を世界中の政府機関から学者、論者までが指摘し、習近平国家主席はこれにも最高責任を負うべき独裁者、あるいはこうした現代中国の信じがたい蛮行作戦の最高指揮官と認識されている。

中国政府がこれらをいずれも叫ぶように全否定していることは公平を期すために明記しておかねばならない。ただし中国が否定すればするほど、習近平国家主席の存在と関与、指揮、そして重大な責任が際立つ傾向にある。

ところが日本の場合は、違う意味でより深刻なのだ。

前述のことどもはすべて、もう一度言う、中国政府は全否定している。

だが日本に対する非道については、中国は否定どころか堂々と恥じることもなく、その行為を世界に公表しているのだ。

それが、日本国沖縄県石垣市の尖閣諸島に日々、中国軍の一部である海警局の武装船を何のためらいもみせずに侵入させている事実である。

日本ではもう当たり前のニュース、いや今更ニュースにもならない些事《さじ》かのような扱いになっている。テレビではまず、やらない。報じない。新聞にはわずか数行の記事が出る。その記事のちいさいこと、短いことからむしろ国民に「毎日起きる交通事故並みのことなんだ」と誤解されるだろう。

ところが中国の国営の報道機関は、どうしているか。

「古来から中国固有の領土である尖閣諸島の中国領海に、怪しからぬことに日本の海上保安庁の武装船が今日もしつこく侵入したが、中国海警局が確実に排除した」と連日、報じているのだ。

ほんとうは「古来から」と強調するところに、中国の苦しさが露見している。中国共産党機関紙の人民日報は一九六〇年代に「沖縄人民の反米闘争を支持する」という記事を載せ、その併用地図にちゃんと尖閣諸島の左側、西側に国境線を引き、尖閣諸島が日本領であることを明示しているのだ。

六〇年代の末に国連の専門機関が「尖閣諸島の海底に手つかずのガス田、油田がある」との調査結果を公表して中国が豹変、七〇年代の初めから突如、「古来、中国のもの」と言い張り始めただけのことである。

中国には報道の自由が一切無い。そして日本からは、まさしく古来から日本の領土である尖閣諸島への中国のあからさまな侵略行為について海外発信がほとんど無い。したがって「中国の領海に日本が侵入したので排除した」という中国の官製報道しか世界には知らされない。

国際社会では逆転情報、要は国家による嘘発信だけがまかり通っている。

国民は海外で日本についてどんな虚偽が中国や韓国から報じられているかについて、多くの場合、ほぼ無関心だ。その理由は国民にあるのではなく、日本政府がろくすっぽ反撃しないことにある。

わたしは国会議員になってから何度も何度も、自由民主党の部会などで「中国の尖閣に日本が不当に侵犯したので排除したと世界へ中国が報じています」と指摘し、自由民主党の衆参両議員からも驚きの声が漏れた。

それだけではなく水面下でずっと総理官邸と外務省に対し、民間専門家の端くれの時代から、現在は参議院議員として、自由民主党の外交副部会長、政審（参議院自由民主党政策審議会）副会長として、働きかけているが、まだ大して変わらない。

その理由を、現役の外務省政務三役（大臣、副大臣、政務官）のひとりは、わたしから眼を逸らせて、こう呟いた。

「中国と事を構えると、日本経済への影響が大きすぎる。それがあるんだと思いますよ、外務省も総理官邸も」

不肖わたしも、それぐらいは知っているから、まずは静かにこう合わせた。

「韓国とは、日本経済への影響の桁が違いますからね。ゼロが一個や二個の違いじゃない。韓国は最近の不買運動で日本からビールの輸出がゼロになったりしているけど、それも、いつまでも続かないと多くの人が考えている。だから韓国を（輸出管理の最優先枠である）ホワイト国（現・グループA）から除外するように（西暦二〇一九年）一月三十日に外交部会で提案したら、半年かかったけど、除外の実行が決まったんですよね」

政務三役のひとりは頷く。

内閣に入ることをしないわたしは、言葉を続けた。

「しかし、中国の非道のすべてに、すくなくとも最高責任があるだろう習近平国家主席を一体なぜ、日本国の国賓として迎えるのか、なぜ、わたしたちの天皇陛下にお会いいただくのか。これも桁が違いますよ。桁外れの間違いです」

外務省の中枢にいらっしゃるこの人は、はっきりと「そうです」と答え、「むしろ疑問を持たない日本人がいたら疑問ですよね」と仰った。

この国賓という扱いが自由民主党の内部に長年、巣食う親中派の総理が主導しているのならある意味、まだ分かる。

ところが、ほんらいは「中国に対峙する」ことを外交の主軸に据えてきた安倍晋三総理がこれを決めたから、情況はより深刻となった。

世界と日本の領海で悪を成している独裁者であっても、仮にそれを国賓として迎えることが国益に大きく資するなら、まだ議論の余地はあるかも知れない。

しかし、まったく国益に反する。

また、ひとの道に反する。

王道を往くことが国益となるのが日本のむしろありのままの姿であるから、ひとの道に反し王道を踏み外せば、そのまま国益を裏切る。

具体的に言えば、日本外交は世界から信頼されて初めて成果を挙げることができる。

綺麗ごとを言っているのではない。

ほんとうは外交は必ず、軍事力の裏打ちがなければならない。

にんげんは第二次世界大戦であまりにも悪魔的に大量殺戮兵器を発展させて使ったために、いまだに数を確定できないほどの死者を出した。

少なく数える立場では四千万人ほど、多い立場だと八千万人。その差が四千万の命というのも言語を絶するし、どの数字をとってもその中に膨大な民間人、戦わざる子ども、女性、高齢者が居たこと、その衝撃は今なお消えることがない。

したがって人類は先の大戦後、軍事力を戦争の道具とするよりも外交ツールにするように変わった。理念の話じゃない。実態として変わっている。

それでも大戦後わずかに五年で朝鮮戦争を始めているから、地域戦争は絶えることがない。一方で、世界大戦は起きない。

ただし別の意味では起きている。それはサイバー戦争だ。これはとっくに見えざる第三次世界大戦の様相を呈している。主としてアメリカ、中国、ロシア、北朝鮮が参戦している大戦であり、そこにオーストラリア、ドイツ、フランス、イギリスなども加わって世界がサイバー空間では戦闘状態にある。

しかし数千万人が二度と甦らない命を喪うような戦争は起きていない。

それだからこそ外交と軍事力が一体になったのだ。軍事力を背景に置いていないと、外交にならない。何を言っても、どこの国も聞いてくれない。

ところが日本だけは、主要国の中で唯一、地球全体の二四〇ほどの国家のなかでも極めて例外的に国軍を持っていない。

自衛隊の戦力は実際はかなりのものではあるが、要は使えない。

言うまでもなく憲法九条の頸木《くびき》である。

偏った立場ではまったく話していない。淡々とした客観的な事実を述べているだけだ。どんなに耳たこでも、もう一度、聴いてほしい。

わたしたちの大切な、生きる指針であるはずの日本国憲法は、百三条もある。国家の最大の義務、これをやらなければ国ではないという義務が「国民を護る」ということだ。しかし国民をいかに護るかを定めた条文は、第九条の一か所しかない。

その九条には、どんな手段が「国民を護る」手段として定められているのか。

まず武力の行使だけではなく武力による威嚇も禁じ、第二項では、陸海空軍の保持を否定し、それにとどまらず「その他の戦力」を持つこともすべて禁じ、最後に「国の交戦権」も「これを認めない」としている。

要は全否定であり、では、どうやって国民を護るかが一字も無い。

九条に一字も無いということは、国民をいかに護るかの既定が九条しか無いのだから、憲法全部を通じて一字も無い。

イデオロギーは関係ない。もちろん右も左もない。無いものは無いのだから。

あるのは条文ではない前文だけだ。そこには「諸国民の公正と信義に信頼して、われらの安全と生存を保持しようと決意した」とある。

なんともはや。愛するひとや自分自身の安全だけではなく命すら、自分で護るのではなく、どこの誰とも分からない「諸国民」にお願いするとある。

これはもう、憲法の前文にそう書いてありますねというだけに留まらない。

日本国民のぼくらの生き方が問われる。

愛するひとを護らずして、何の人生だろうか。

そして、このような憲法であるから、解釈によって自衛隊を保持しても、国民を護る手段が全て否定されたままであれば「例外」としての行動しか自衛隊には許されない。

そのために自衛隊は「これだけはしてはいけない」というネガティヴ・リストではなく「これだけは例外的にしてもいいよ」というポジティヴ・リストを持たされている。

諸国の国軍には決してあり得ないことだ。国民が危機に晒されるケースは千差万別だから、自衛隊がまともに機能しようとするなら「これだけは例外的にしていい」というリストを定める法律は、その条文が一億条あっても足りないだろう。しかも、その膨大な「例外条項」が仮に定められていても、危機に直面したとき、自衛官は国民を護るより何より「例外的にしてもいいよ条文」のうちどれを当てはめて行動するのか、それとも当てはまらないので何もできないのかを調べ尽くさねばならない。

こんなことはあまりに非現実的だから、現実の防衛省設置法にも自衛隊法にもほとんど定められてはいない。

したがって実際に何が起きるか。

わずか十三歳の少女だった横田めぐみさんが新潟の自宅のすぐ近くで北朝鮮の工作員に襲われたとき、もしも休暇で故郷の新潟に帰省していた自衛官がその場に居合わせたら「制服も着ていない自衛官が勤務外で国民を救うにはこうしたケースに限ります」という例外規定がないから見て見ぬ振りをするしかない。

しかし見て見ぬ振りはできないから工作員に飛びかかり、工作員が偶々《たまたま》、死ぬと殺人罪に問われる。日本は正当防衛の定義も狭いから、実際に殺人で有罪になる怖れは極めて高い。

日本以外のすべての国の兵士は、どうか。

既に捕虜になっている敵を殺したり虐待してはならないといった「これだけはしてはいけない」という少数のリストに載っていること以外はむしろ、国民を救うためには制服を着ていなかろうが、休暇中だろうが一切、関係なく何でもせねばならない。

横田めぐみさんを救わねば逆に、兵の義務を果たさなかったことが問われることになる。

このことについて、防衛省首脳陣の行政官（官僚）はわたしに「防衛出動が閣議決定されればオールマイティですから」と言った。国会議員になったあとのことだ。この発想は、古きも古い。宣戦布告を経て、海岸からわらわらと敵兵が上がってくるような戦争観だ。現代の戦争は、まさしく拉致事件がほんとうは「主権国家が別の主権国家に侵入し、その国民を暴力もて奪う」という新しい型の戦争であるように、気づかれないうちに始まることも多い。防衛主導を閣議決定していれば大丈夫という発想は、現にまったく通用していないではないか。

この行政官は、勉強の深さ、志の高さをわたしが僭越ながら評価しているひとだ。そのひとにして、こうである。

一方で実は自衛隊は、たとえばアメリカ海軍をも凌《しの》ぐ潜水艦の能力を持つ。潜水艦は昔も今も、見つかれば棺桶だ。水中に隠れているから、見つかるかどうかは音が左右する。潜水艦の発する音は、水切り音、スクリュー音、そして動力音だ。海の中の音をわたしは実際に軍用の船舶からそれ用の軍装を使わせてもらって何度も聴いている。潮流、イルカの鳴き声、意外なほどに賑やかだ。しかし前述の三つの音がほとんど聞こえない潜水艦は世界で日本だけだ。たとえばアメリカや中国の原子力潜水艦は三音とも大きい。

現代の海戦の決め手は潜水艦であり、日本の海軍力を侮る国はないはずだ。ところが中国海軍は海上自衛隊を軽侮しつつ東シナ海、日本海で不遜な動きを強めている。宮古島と沖縄本島の間を中国海軍専用の通路にすべく好き勝手な艦隊行動を展開している。

なぜか。

もう全国民が意見の違いを超えて分かるはずだ。憲法九条があるからだ。

自衛隊の優れた力を使えなくしているのが九条だと、中国共産党とその軍部は、わたしたち日本国民より遙かに正確に知っている。だから人民解放軍の掲げる「三戦」、すなわち世論戦、心理戦、法律戦を日本の政界、官界、財界、そしてオールドメディアの只中にて自由自在に展開している。

かつては陸軍騎兵学校だった陸上自衛隊習志野駐屯地にはパラシュート部隊の第一空挺団、そして特殊作戦群がいる。その訓練の質の高さを見れば、拉致被害者の救出をなぜ、やらないのかと思わずにはいられない。

これを言うと、愚かな現場知らずの学者が「情報もないのに行けという青山さんは困る」と知ったかぶりをする。

そんなことは一度たりとも言っていない。安倍内閣は志を持って内閣に国家安全保障会議（NSC）を創った。第一次政権では失敗したからこそ、再登板後の政権で失敗を活かし、強力な反対を乗り切って創設に成功した。

そのあと一時期、「これでは片輪であるから内閣に国家情報局を創る。次の通常国会に提案を提出する」ことを安倍政権が秘かに目指した。

わたしは民間専門家の端くれの当時から、その動きを精確に摑み、それだけではなく連携してきた。安倍内閣と利害関係を持たないからこそ可能だった連帯である。

拉致被害者の閉じ込められた場所をはじめインテリジェンス（諜報情報）なく自衛官

に行けと言うような人は、現場を踏む専門家であれば、不肖わたしのことだけではなくどこにも居ない。

そのような発想をするのは、たとえば自衛官の訓練の現場に参加などしない学者だけである。

こうして見てくると、われら何をすべきかが分かってくる。

それは、現場で行動することだ。

不肖わたしは、国会議員に当選したとき人知れず決心したとおり、まったく新しい型の議員グループ、護る会（日本の尊厳と国益を護る会／ＪＤＩ）を三年の準備を経て、同志と発足させた。

あっという間に衆参の自由民主党の議員四十六人を擁する大集団となり、皇位継承の安定への提言を安倍晋三総理に手交したことなどと併せて、習近平国家主席を国賓として迎えることに明確に自由民主党内から反対するアピールを護る会総会でまとめ、岡田直樹官房副長官を通じてこれも総理にお渡しをし、二階俊博幹事長をはじめ党首脳陣全員にお渡しした。

すると思いがけなくベテラン議員からも深い共感が寄せられた。

護る会メンバーでもある原田義昭・元環境大臣が自由民主党の最高意思決定機関である総務会にて「国賓反対」を発言したのを皮切りに、護る会メンバーではない武見敬三・元参議院自由民主党政策審議会長や衛藤征士郎・元防衛庁長官らがやはり「国賓反対」を総務会で働きかけている。

若手・中堅議員には圧倒的な共感を広げている。

それでも国賓が覆るのか、それとも中国が非道を改めるのか、いずれも本稿を執筆している令和元年の師走には、まだ分からない。

だが従来の自由民主党にはない動きであることも事実だ。

経済は、中国自身もアメリカとの闘争もあり、日本経済との関係をそうは簡単に悪化させられないことを冷徹に見抜くべきだ。

そして何よりも憲法九条を改正することが、日本が世界のために中国の糺《ただ》すべきを糺し、平和を護ることに直結する。

そして護る会が目標のうちに掲げるとおり、スパイ防止法を世界基準通りに制定し、中韓による日本の国土の浸食を食い止め、国土を取り戻し、日本国がまず、その尊厳と国益を護ってみせることがアジアの希望の時代を拓く。

わたし自身は死して、そのあとに成果が実ればよい。

武士道といふは死ぬことと見つけたり。（葉隠）

自分のためだけに生きるのではなく、人のために死ねるほどの生き方をすれば、人生はようやく光が差すだろう。

江戸期に成立した哲学書である葉隠を口述した山本常朝さんの真意を、わたしはこう考える。

それは突き刺す寒風のなか農地を歩いた物書き、宮澤賢治の魂に通じ、そして人の罪を背負って磔となったイエス・キリストにも通じている。

日本の文化が孤立していると宣《のたま》わった内外の学者は間違いである。

今こそ日本文化の普遍性をぼくらが知り、中国と聖徳太子の時代のように向かいあえば、暗黒の道に灯火がともる。

（了）

日中の興亡2025

著者　青山繁晴

2020年1月10日　初版発行

青山繁晴（あおやま　しげはる）
作家、参議院議員、新しい議員グループ「日本の尊厳と国益を護る会」（護る会）代表幹事、東大自由研究ゼミ講師、近畿大客員教授。神戸市生まれ。慶大文学部中退、早大政経学部卒業。共同通信記者、三菱総研研究員を経て、独立総合研究所（独研）の代表取締役社長・兼・首席研究員。2016（平成28）年、独研を退き参議選当選。ロングセラー『ぼくらの祖国』（扶桑社新書）、『不安ノ解体』（飛鳥新社）のほか小説の『平成紀』（幻冬舎文庫）もある。ネットTV「虎ノ門ニュース」レギュラー、FM音楽番組「オン・ザ・ロード」でDJ。

発行者　佐藤俊彦
発行所　株式会社ワニ・プラス
〒150-8482
東京都渋谷区恵比寿4-4-9　えびす大黒ビル7F
電話　03-5449-2171（編集）
発売元　株式会社ワニブックス
〒150-8482
東京都渋谷区恵比寿4-4-9　えびす大黒ビル
電話　03-5449-2711（代表）
DTP　平林弘子
印刷・製本所　大日本印刷株式会社

ISBN 978-4-8470-6158-5
ワニブックスHP　https://www.wani.co.jp